좌충우돌
크리스천 자녀 양육기

김희정 지음

함께 자라는
우리

도서출판 엠마우스

차례

추천사 6
인사말 10
프롤로그 16

봄

1 "엄마, 나는 달을 믿지 않아서 소원도 안 적었어" 22
2 우리 집에서 가정 예배를 가장 드리기 싫어하는 사람은? 28
3 "작은 우주인 너를, 엄마는 지켜주고 싶어" 33
4 자녀의 상처를 닦아주는 부모의 사랑 38
5 "어떻게 하면 우리 아이에게 기독교 세계관을 심어줄 수 있을까?" 42
6 고난주간, 아이들과 함께 새벽을 환하게 열기! 46
7 잠시 멈추니, 다시 보이는 소중한 것들 51

여름

8 "하나님, 우리 엄마 이번 책 많이 팔려서
   맛있는거 많이 사줄 수 있게 해주세요" 58
9 몸으로 경험하고 가슴으로 느끼는 교육을 꿈꾸며 63
10 "엄마가 너희의 정서적 지지 기반이 되어 줄게!" 68
11 직박구리가 나에게 깨우쳐 준 것들 73
12 얻은 것과 잃은 것 78
13 자전거 로망 83
14 가족이라는 이름으로 88

가을

15 소소한 즐거움 94
16 엄마가 그어주는 사랑의 경계 98
17 "어마, 나는 왜 마르 모태?"(1) 103
18 "어마, 나는 왜 마르 모태?"(2) 108
19 시행착오 112
20 가을을 맞이하며 117
21 "엄마, 실수해도 괜찮아. 다시 하면 돼" 122

겨울

22 변화　130

23 공동체 속에서 자라는 아이들　135

24 "그래서, 엄마가 도와줄게!"　139

25 "엄마가 기도 부탁할게. 꼭 같이 기도해줘"　144

26 책맹인류 시대에 책 읽는 아이들로 양육하기 (1)　149

27 책맹인류 시대에 책 읽는 아이들로 양육하기 (2)　154

28 정답이 없는 육아의 길을 걸을 때　159

다시, 봄

29 인생의 모든 구간은 과정이기에 166

30 선물 상자를 열어볼 때 172

31 "잠시 쉬어가도 괜찮아!" (1) 177

32 "잠시 쉬어가도 괜찮아!" (2) 182

33 때에 맞게 만나주시는 하나님 187

34 우리 아이들에게 다시 복음을 192

35 개척과 아이들 197

에필로그 | 사랑이 뭔가요? 202

추천사

4명의 엄마, 남편의 아내 그리고 사모로 살아가며 엮은 이야기

'사랑하는 아들 디모데'

바울이 디모데를 향해 쓴 편지를 읽을 때마다 그 마음을 어렴풋이 짐작은 했지만, 바울 서신 중 어디에서도 찾을 수 없는 '사랑하는 아들' 이라는 표현을 쓸만큼 디모데를 향한 특별한 바울의 마음을 완전히 이해하기란 어려웠습니다.

그런데, 수십년 간 지켜봐왔던 제자의 첫 책을 읽고 추천사를 쓰려고 하니 갑자기 바울이 디모데를 향했던 그 마음이 떠올랐습니다. 고맙고, 자랑스럽고, 애뜻하고, 기특한 그런 마음.

더구나 이 책은 목회자 남편의 아내이자, 4명의 아이를 키우는 엄마로서 한 단어 속에, 문장 속에, 문단 속에 실제적인 삶의 모습이 고스란히 담겨 있는 것 같아 더 따뜻한 마음으로 읽을 수 있었습니다.

저는 37년 동안 선교 단체를 통해 수많은 학생들과 학부모들을 만났고, 특히 40회가 넘는 부모교실을 통해 신앙으로 자녀를 양육하고자 애쓰는 엄마들의 마음을 잘 알고 있습니다. 이 책이 이런 엄마들의 일상에 위로와 도움이 되리라 기대합니다.

　가정에서 하나님의 자녀를 신앙으로 양육하는 모든 부모님들에게 이 책을 추천합니다.

함께하는교회 담임목사 황동한

추천사

"우리는 누구입니까 빈 언덕의 자운영꽃 혼자 힘으로 일어설 수 없는 반짝이는 조약돌 이름을 얻지 못한 구석진 마을의 투명한 시냇물 일제히 흰 띠를 두르고 다가오는 첫눈입니다" (정두리 「그대」 중에서). 책을 읽다보니 떠오른 노랫말입니다. 사람은 각자 다양한 역할로 삽니다. 저자도 기자요 출판업자며 목회자의 아내입니다. 하지만 무엇보다 소중한 정체성을 가졌습니다. '엄마'입니다. 꽃보다 아름답고 반짝이는 조약돌보다 눈부시고 여울져 흐르는 시냇물보다 정결하고 첫눈보다 포근한 그 이름, '엄마'는 계절을 따라 아이들에게 소중한 선물보따리를 풀어 놓습니다. "작은 우주인 너를, 엄마는 지켜주고 싶어."(봄) "엄마가 너희의 정서적 기반이 되어 줄게."(여름) "엄마가 그어주는 사랑의 경계"(가을). "그래서 엄마가 도와줄게."(겨울) 그래도 네 자녀를 키우느라 가끔은 지친 엄마는 스스로에게도 위로의 편지를 남겼습니다. "잠시 멈추니 다시 보이는 소중한 것들"(봄), "실수해도 괜찮아. 다시 하면 돼"(가을), "잠시 쉬어가도 괜찮아"(다시 봄). 아, 우리는 언제나 혼자 힘으로 일어설 수 없는 존재들이 아니었나요? 엄마는 엄마라서 더욱 하늘을 바라보았습니다. 그런 엄마를 보고 자란 아이들도 어느새 하늘바라기들이 되어 있었습니다. "엄마, 나는 달을 믿지 않아서 소원도 안 적었어."(봄) "하나님, 우리 엄마 책이 많이 팔려서 맛있는 거 많이 사줄 수 있게 해 주세요."(여름) "하나님이 기도를 듣고 아빠 눈 나아지게 해줬으면 좋겠어요."(겨울) 길을 가다 문득 사랑이 고플 때, 숱한 갈림길 앞에서 차라리 길이 되고 싶을 때, 이 책을 한 번 읽어보시면 어떨까요?

온천제일교회 담임목사 홍석진

인사말

"서점에 가서 하루 종일 책을 보고 싶어요."

17년 전, 첫 아이를 낳고 백일이 될 때까지 24시간 아이와 한 몸으로 지내야 했습니다. 눈을 떠서 잠이 들 때까지, 잠든 후에도 수시로 깨는 아이를 달래며 초보 엄마의 시간은 온전히 아이의 것이었습니다. 아이가 백일이 지날 무렵, 교회 언니가 집에 놀러와 물었습니다.

"희정아, 만약 너에게 아이 없이 하루가 주어진다면, 가장 하고 싶은 게 뭐니?"

언니의 질문을 듣자마자 생각할 것도 없이, 고민할 것도 없이 머리에서 입으로 나온 대답이 바로 "하루 종일 책을 보고 싶다."였습니다.

어려서부터 내향적이었던 나는, 가방에 항상 책이 있었습니다. 집에서는 물론 밖에서도 혼자 있을 때는 책을 꺼내 세상과

떨어진 채 책 속 세상으로 빠져들기를 좋아했습니다. 책을 좋아한다는 것은 글에도 관심이 있다는 것이겠죠. 대학을 졸업하고 교계 신문기자로 일하면서, 글을 읽고 쓰는 일을 멈추지 않았습니다. 10년 정도 신문사에서 일을 하다, 이제 "내 일"을 하고 싶다는 생각이 들었습니다. 그 때, 떠오르는 것은 단 하나였습니다.

'출판사'

글을 마음껏 읽을 수 있고, 좋은 책을 원없이 펴낼 수 있는 일. 이보다 더 매력적인 일은 없을 것이라는 확신이 들어 2019년에 출판사를 시작했습니다.

'1인 출판사'

우리나라 성인의 절반 이상이 1년에 책 한 권 읽지 않는 시대에(문체부, 2023년 국민독서실태 자료) 1인 출판사라니, 그것도 일반 서적이 아닌 기독교 서적을… 이런 관점으로 보면 돈을 벌기 위해 이 일을 하는 것이 아닌, 순전히 '좋아하고 사랑해서' 이 일을 선택했다고 볼 수 있습니다. 맞습니다. 저는 책을 읽지 않는 사회에서, 책이 곧 희망이자 소망이라고 믿기에 꾸역 꾸역 책을 내고 있습니다.

엠마우스를 통해 여러 책을 내면서 내 이름으로 책을 낼 것이라고는 한 번도 생각하지 않았습니다. 글을 잘 쓰는 분들을 찾아서, 그 분들의 글을 구성, 편집해서 세상에 내보내는 것이 나의 역할이라 생각했기 때문입니다. 그런데, 우연히 한국기독신문에 오로지 아이가 4명이라는 이유만으로 육아와 씨름하는 나의 삶을 연재('김희정 대표의 좌충우돌 크리스천 자녀 양육기', 한국기독신문, 2021년-2024년 현재 연재 중)하기 시작했고, 시간이 흘러 그 글이 이야기가 되고 어쩌면 이 이야기를 나와 비슷한 상황에 처한 사람들과 나눌 수 있겠구나,라는 생각이 여기까지 이르게 했습니다.

모든 엄마가 그러하듯 저도 첫 아이가 백일이 될 때까지 온전히 아이에게만 집중하며 나의 시간, 의지, 감정을 다 쏟아부었습니다. 그러나 나를 위한 시간이 전혀 없던 그 때도 손을 뻗으면 항상 책이 있었습니다. 아이가 잠시 낮잠을 잘 때, 한 구절이라도 읽으며 "나만 이렇게 힘든 게 아니구나."라면서 위로받기도 하고, "우리 아이들을 은혜로 잘 양육하고 싶다."는 도전을 받기도 했습니다. 그 시절 책은 제게 먼저 그 길을 가는 선배이자, 나의 마음을 알아주는 친구 그리고 아이들 때문에 어려움에 부딪힐 때마다 길을 제시해주는 멘토였습니다.

시간이 흐른 후 첫째 17살, 둘째 14살, 셋째 12살, 막내가 9살이 되었습니다. 4명의 아이들을 키우면서 내 아이들은 책대로 크지 않는다는 것을 책을 보며 깨달았지만, 17년 시간 동안 책없이 아이들을 키운다는 것은 상상할 수 없었습니다. 그 책들이 무슨 대단한 답을 말해주는 것은 아니었지만, 저자들이 자녀를 키우며 일어난 일들, 여러 생각들을 그저 읽는 것만으로도 위로를 받고 마음 한 켠이 따뜻해지는 느낌이었습니다.

이 책은 나처럼 자녀를 키우며 누군가와 이야기하고 싶을 때, 혹은 저 사람은 어떻게 아이들을 키울까 궁금할 때, 기꺼이 함께 이야기를 나누기 위해 세상에 나왔습니다. 나도 수많은 저자들의 도움으로 오늘까지 아이들을 양육했기에, 누군가에게 나의 이야기가 조금이나마 도움이 되었으면 하는 바람입니다.

그래서 이 책에는 육아 전문가의 '아이들을 다루는 기술'이나 '잘 키우는 방법'이 있지는 않습니다. 대신 하루하루 아이들과 살아가는 '이야기'가 있습니다. 이 이야기는 아직도 진행 중이기에 사실 밖으로 꺼내기가 상당히 부담스럽습니다. "그래서 너희 아이들은 잘 컸어?" "지금 너희 아이들은 어때?"라는 질문을 받으면 오늘 아침에도 엄마에게 짜증을 내고 학교로 간 고1 사춘기 첫째 아이의 얼굴이 떠오르며 "괜히 육아에 관한 글을 냈나?"라는 후회도 밀려오지만, 이것 또한 좌충우돌하며 겪는 육아의 한 과정이라는 생각에 용기를 냈습니다.

지난 봄에 아이들과 함께 제주도에 갔습니다. 3월 초 제주 바다는 하늘과 맞닿은 듯 하면서도 드넓은 세상을 향해 자신만의 길을 만들어가는 한 권의 책 같았습니다. 제주 바다는 때로는 풍랑이 일어 뒤집히며 한바탕 곤혹스러운 날이 있고, 또 언제 그랬냐는 듯 햇살을 받아 반짝이는 윤슬은 어제의 풍랑을 잊고 아름다움을 뽐냅니다. 태풍, 어둠, 고요함, 아름다움, 빛 등 제주 바다는 다양한 이야기를 품으며 자신의 이야기 책을 엮어갑니다. 제주 바다와 같은 저도 아이들과 함께 웃고, 울고, 놀고, 싸우며 진리의 바다를 향해 나아가는 과정들을 이 책에 담았습니다. 부디 바라기는, 제가 그랬던 것처럼, 자녀를 키우며 누군가에게 문을 두드리고 싶을 때, 혹은 자신만의 육아 이야기를 만들어갈 때, 이 책이 작은 도움이 되었으면 합니다.

나그네로 이 세상을 살면서 외롭지 않게, 하나님이 내게 선물로 주신 사랑하는 은성, 은별, 은율, 은샘, 남편 그리고 엄마 아빠에게 감사를 전하며, 내 몸 하나도 가누지 못하는 존재인 내게 4명의 아이들을 맡겨 주신 사랑하는 나의 하나님께 모든 영광을 올립니다.

2024년 12월
김희정

프롤로그

'미술 학원, 피아노 학원, 줄넘기 학원도 있는데 성경 학원은 왜 없을까? 없으면 내가 하지 뭐!'

저녁 식사 후, 내가 설거지를 하고 뒷정리를 하면 아이들은 샤워를 한다. 가끔은 욕실에서 물풍선 놀이, 비눗방울 놀이를 하며 30분이 넘도록 나오지 않지만 일단 내버려 둔다. 그 시간에 충분히 놀아야 이후에 내가 "이제 나와서 예배 드리자."고 말하면 불평하지 않고 나오기 때문이다.

설거지를 끝내고 책상 위를 정리한 다음 그날 할 자료들을 쓱 챙긴 후 아이들을 부른다.

"이제 그만 씻고 나와, 엄마 준비 다했어."

한번에 말해서 들으면 얼마나 좋을까 싶은데, 절대 그럴 리가 없다.

"빨리 나와, 빨리. 마지막에 나오는 애는 욕실 청소 다 해야 한다."고 협박이 섞인 투로 말하면 그제서야 부랴 부랴 나와 옷을 입고 책상에 앉는다.

"오늘은 소요리 문답하는 날이지. 엄마가 프린트 해 준거 먼저 보자."

아이가 태어나고 자라면서 처녀 때는 보이지 않던 것들이 눈에 들어오기 시작했다. 그 중 하나가 '학원'이었다. 학교 주변, 상가 주변, 아파트 주변 등 고개를 들면 학원 이름이 빼곡히 펼쳐졌다. 피아노 학원은 기본이고, 영어, 논술, 태권도, 심지어 줄넘기 학원도 있었다. 맞다. 학교 다닐 때는 이것 저것 많이 배우고 경험해야 하니 이런 학원들이 많은 것은 당연하다 생각했다. 그런데, 한 가지 엉뚱한 생각이 들었다.

'어린 아이들에게 다양한 경험과 지식을 전해주는 것이 당연하다면, 크리스천 아이들을 위한 학원, 성경 학원은 왜 없을까? 교회 주변에 그런 학원 하나씩은 있어야 하는 것이 아닌가?'

이런 생각 끝에, '성경 학원이 없으면 집에서 내가 우리 아이들 성경 학원 선생님이 되지 뭐!'라는 결론에 이르렀다.

그리고 이후에 아이가 태어나면서 집에서 본격적으로 우리 아이들만을 위한 성경 학원을 차렸다. 첫째가 글을 읽기 시작할 무렵 '아이와 함께 하나님을 알아가도록 해야겠다.'는 마음으로 책상에 앉아 나는 말씀을 읽고, 아이는 그 말씀에 관한 생각을 그림으로 표현하거나 만들기를 한 것이 아이와 함께 한 신앙 활동의 첫 시작이었다. 아이들이 한 명씩 늘어갈 때마다 소요리문답, 가정 예배 등 다양한 방법으로 가정에서 신앙 훈련을 쌓아가고 있다.

물론 네 명의 아이들을 양육하는 것은 결코 쉬운 일이 아니다. 가정 예배를 드릴 때마다 막내가 책상 위를 뛰어다녀 15초에 한번씩 다시 의자에 앉혀야 하는 일 등 예상하지 못한 일들이 많이 발생한다. 하지만, 그럼에도 불구하고 4명의 자녀를 바른 크리스천으로 양육하기 위해 오늘도 고군분투하며 애쓰고 있다.

신문사에 글을 연재하는 몇 년 동안 아이들은 많이 자랐고, 첫째는 어느덧 17살, 고등학교 1학년이 되었다. 말씀으로 양육하면 반듯하게 자랄 것이란 나의 믿음을 첫째가 깡그리 무너뜨리기도 하지만, 다시 또 시행착오를 겪으며 하나님 앞으로, 말씀 앞으로 나아가고 있다. 나의 실패를, 우리의 연약함을, "그래도, 괜찮다." 말씀하시는 하나님이 있기에 하루하루 그분께 나의 자녀들 나아가 우리 자녀들을 함께 맡기길 바란다.

봄

"엄마, 나는 달을 믿지 않아서 소원도 안 적었어"

첫째가 초등학교 1학년이 돼 열심히 학교를 잘 다니던 어느 날, 담임선생님으로부터 전화가 왔다. 학부모들은 대부분 느끼겠지만, 잘못한 것이 없더라도 핸드폰 액정에 '아이 담임선생님'이란 문구가 뜨면 본능적으로 불안함이 밀려온다. '우리 아이에게 무슨 일이 있나? 오늘 학교에서 선생님께 혼났나?' 등 발생하지도 않은 일들을 상상의 나래를 펴며 미리 걱정한다. 핸드폰 너머로 들리는 선생님의 목소리가 어둡지 만은 않다.

"은성이 어머니, 저 담임 ㅇㅇㅇ선생님입니다."
"네, 안녕하세요. 선생님, 무슨 일이 있나요?"

선생님이 별일 아니라고 운을 떼며 시작한 이야기는 실제로 선생님에게는 큰 일이 아니었지만 부모인 나의 입장에서는 아주 큰 일이었다.

추석을 앞둔 국어 시간이라 그 날은 '달과 소원'에 관한 내용을 배우며 활동했다. 선생님이 칠판에 크고 동그란 달을 그린 다음에 음력으로 8월 15일이 되면 달이 엄청 큰 원이 되어 아름답게 빛난다고 알려주었다. 이어서 달에게 소원을 비는 우리나라 풍습에 대해서 설명했다.

그리고 학생들에게 교과서를 펴게 한 다음 문제를 읽고 답을 쓰게 했다.

문제는 다음과 같이 나왔다.

"여러분들이 바라는 소원이 있죠? 크고 둥근 달에게 소원을 말해보세요. 소원이 이뤄질 수도 있어요."

1학년 학생들은 문제를 읽고 하나 둘 생각하며 자신의 소원을 책에 또박또박 쓰고 있었다. 그런데 우리 첫째 은성이는 쓰지도 않고 멀뚱멀뚱 담임선생님만 쳐다보고 있었다.

선생님이 은성이에게 "너는 왜 안쓰고 있어? 소원이 없어?"라고 말하니, 아이가 "그게 아니라, 저는 쓸 수가 없어요."라고 말을 했다. 그리고 뒤에 따라 오는 말이 선생님을 당황하게 했다.

"저는 교회 다니고, 하나님을 믿기 때문에 달에게 소원을 빌면 안돼요."

지금까지 20년이 넘게 학생들을 가르쳐 온 선생님은 이 부분을 수많은 학생들에게 설명했지만 하나님을 믿기 때문에 달에게 소원을 말할 수 없다고 한 아이는 우리 첫째가 유일하다고 이야기했다.

그날 상황을 전하며 이야기를 마무리하던 선생님은 "어머니, 제가 은성이에게 알아들을 수 있도록 이야기를 했는데도 결국 소원을 안 적었어요. 만약, 오늘 은성이가 학교에서 있었던 일을 이야기하면 대략 이런 상황이었다는 것만 알고 있으세요." 라며 전화를 끊었다.

선생님과 통화를 마치며 그날 있었던 아이 모습이 자연스럽게 머릿속으로 그려졌다. 첫째는 엄마가 A를 말하면 A라고 있는 그대로 믿는, 그런 아이였다. 집에서 아이들 모두가 함께 예배를 드리거나 성경을 읽을 때도 다른 아이들은 "이건 왜 그래요? 하나님은 왜 선악과를 만들었어요? 우리는 왜 예배를 드려야 해요?" 등 궁금한 것도 많고 의심스런 질문도 많은데 첫째는 있는 그대로 받아들이는 편이다.

은성이를 불러 물었다. 신앙이 흔들리는 일도 아니고, 단순히 학교에서 달에게 소원을 적는 것인데 굳이 안 한 이유가 있냐고.

"엄마, 지난 주 집에서 예배 드릴 때 기억해요? 하나님 말고 다른 것들에게 비는 것은 다 우상이라고 했잖아요. 하나님이 우상숭배 하는 거 제일 싫어하고. 달에게 소원 비는 것도 우상숭배 잖아요. 나는 달을 믿지 않고, 우상숭배 할 수 없어서 소원을 안 적었어요."

8살 나름대로 신앙을 지키느라 애쓴 아이의 모습에 살짝 미소를 지었다가, 융통성 없는 저 모습이 꼭 나를 보는 것만 같아 아쉬운 마음이 들기도 했다. 하지만 중요한 것은, 아이가 나름대로 자신의 신앙에서 갈등을 했고 선택을 했다는 사실이다.

그리고 그 신앙 선택의 기준이 집에서 함께 한 예배고 말씀이라는 것이 아이들을 가정에서 말씀으로 가르치려고 애쓴 나에게 작은 위로와 기쁨이 되었다(물론, 학교에서 이런 일이 일어났을 때 좀 더 유연하게 대처하는 법을 아이에게 충분히 설명하기도 했다).

이런 맛에 힘들지만 가정에서 말씀을 가르치고, 둘러 앉아 예배를 드린다. 아이들이 앞으로 세상을 살아갈 때 수많은 선택 앞에 기준이 될 수 있는 가치가 형성되기를 바라며 오늘도 아이들과 함께 기쁨으로 말씀을 펼친다.

아이들과 함께 기도하고, 예배드리는 저녁.
우리가 하나되는 소중한 시간

2

우리 집에서 가정 예배를
가장 드리기 싫어하는 사람은?

일을 마치고 집에 들어가면 5시. 일반인들의 퇴근 시간 보다는 빠르지만 그렇다고 아이들과 함께하기에 넉넉한 오후 시간은 아니다. 여느 일하는 엄마들이 그렇듯 나 또한 퇴근하고 집에 들어가면 아침에 미처 다 치우지 못한 거실, 방 정리를 시작으로 아이들 숙제 봐주기, 저녁 준비하기, 빨래 개기 등 할 일이 산더미처럼 기다리고 있다. 퇴근 후 집에서 평안을 누리며 쉬는 것이 아니라 퇴근 후 또 다른 '육아 및 집안일 출근'이 시작된 것이다.

나는 힘이 없고 지치지만, 아이들은 내가 오기만을 기다렸을 것이니 다시 새 힘을 내고 정리할 것들을 하나 둘 치운다.

아이들에게 저녁을 다 먹이고, 샤워까지 한 후 그야말로 지칠대로 지쳐, 아이들이 그저 조용히 책읽다 잠들었으면 하는 바람인데 딱 그 때, 둘째가 이야기한다.

"엄마, 가정 예배 준비할까요?"
"어… 어… 그래, 오늘 가정 예배 하는 날이지. 그래 조금만 기다려줘. 엄마가 준비해야 하니 10분만 있다 하자."

그래, 맞다. 오늘은 화요일, 가정 예배를 드리는 날이다. 식탁에 모여 함께 찬양도 부르고 예배 후에는 아이들이 좋아하는 음식도 마음껏 먹으니 아이들은 가정 예배 드리는 시간이 신나는 모양이다.

생각해보면, 1년 전만 하더라도 일주일이 [주일날 예배드리고, 월요일은 쉬고, 화요일은 가정예배, 수요일은 교회에서 수요예배, 목요일은 소요리문답 가정예배, 금요일은 교회에서 금요기도회, 토요일은 주일 준비하며 성경 읽거나 쓰기] 이런 식의 루틴으로 돌아갔다.

요즘에는 일주일에 한번 가정 예배 드리지만 그 때는 무슨 열심과 열정이 있었는지 아이들과 일주일 내내 예배 생활을 이어갔다.

그런데 신기한 점은, 매주일 아이들과 함께 나눌 말씀을 준비하는 일에 나는 쉽게 지치고 힘들어하는데 아이들은 할 때마다 재미있어 하고 즐거워한다는 사실이다. 교회에서 예배를 드리는 것을 포함하면 일주일 내내 예배를 드리는 것과 마찬가지라 나는 그만하고 싶은데 아이들은 화요일, 목요일만 되면 가정 예배 드리자고 먼저 요청하며 기다리고 있다.

사실, 나는 아이들과 20~30분의 예배를 드리기 위해 30분 이상을 혼자서 준비한다. 아이들이 좋아할만한 찬양을 고르고, 말씀을 읽은 후 함께 나눌 내용들을 아이들 시선에서 생각하고, 마지막으로 함께 기도할 내용들을 정한다. 이 내용들이 다 정해지면 가정 예배 순서지를 만든다.

가정 예배 순서지는 오직 우리 가족의 이름과 사진만 들어있다. 처음에 순서지를 만들 때 '어떻게 하면 아이들이 예배 순서지를 버리지 않고 간직할까'라는 질문에서 시작했다. 그런 생각을 계속 하다보니 오직 우리 가정만을 위한 순서지를 짜보았고, 아이들의 이름과 사진을 넣으면 좋아할 것 같아 실제로 해보니 아이들이 너무 좋아하고 행복해했다.

예배를 드리는 것이 지겹거나 따분한 것이 아닌 즐겁고 재미있다는 인식이 가정 예배로부터 조금씩 쌓여가고 있음을 느낀다. 내가 매일 한 시간 고민하면 아이들이 즐겁게 예배를 드린다고 생각하니 나도 이 작업을 멈출 수가 없었다.

그런데, 정말 안타깝게도 아이들을 위해 시간을 내어 잘 준비해 막상 예배를 드리려고 하면 너무 피곤하고 힘들어서 하기 싫은 생각이 마음 속에 가득 찬다. 즉, 우리 집에서 가정 예배를 가장 드리기 싫어하는 사람은 바로 나인 것이다.

그래도 아이들을 보며 예배의 자리에 나아가면 아이들이 부르는 또롱또롱한 찬양 소리, 더듬더듬 읽지만 말씀을 한 절 한 절 읽으려고 하는 예쁜 입, 어렵지만 하나님의 말씀으로 적용해보려고 하는 마음을 보면 없던 힘이 생겨나 감사와 찬양이 저절로 나온다.

이렇게 하루하루 예배 생활이 쌓이다보면 가정에서 예배 드리는 것이 아주 당연한 것처럼 여기는 날이 올 것이다. 그리고 매일의 가정 예배가 자양분이 되어 아이들이 세상 속에서도 넉넉히 승리하는 힘을 얻을 것이다. 그 자양분을 위해 나는 오늘도 아이들과 함께 할 예배를 고민하고 준비한다. 비록 너무 피곤해 잠이 쏟아질지라도.

엄마생각

아이들과 함께 가정 예배, 소요리문답, 성경 공부를 할 때
가장 중요하게 생각한 것은 '즐거움'이다.
즐겁지 않은 가정 예배를 즐겁게 만드는 것이
나의 숙제이다.
이런 저런 방법들을 생각하고 적용한 것 중 하나는
순서지에 아이들이 좋아할만한 요소를 넣는 것.
아이들 사진이 들어가기도 하고,
아이들 이름이 언급되기도 하고,
"오늘도 아이들이 좋아하겠지!"
이 설렘으로 하루하루 채워나간다.

③

"작은 우주인 너를,
엄마는 지켜주고 싶어"

"엄마, 이제는 농담이 아니라 정말로 우리 반에 스마트폰이 없는 아이는 나 뿐이에요. 줌 수업하고 e-학습터 때문에 없던 아이들도 다 스마트폰을 샀어요. 나도 사주세요."

아이를 키우면서 의견이 대립할 때, 어떤 경우에는 내가 아이에게 설득 당해 요구를 들어줄 때도 있고, 또 어떤 경우에는 접점을 찾아 서로 조금씩 양보하기도 하고, 때로는 타협의 여지 없이 나의 입장을 고수하기도 한다.
스마트폰은 처음부터 나와 아이 사이에 타협의 대상이 아니었다.

그 동안 수도 없이 많은 스마트폰의 유혹이 아이가 아닌 내게 있었다. 아이가 초등학교에 입학할 때, 주위 사람들이 한마디씩 거들었다.

"엄마가 집에 있는 것도 아니고, 일을 하면 학교에 입학한 아이를 제대로 챙길 수가 없어. 아이를 위해서라도 스마트폰을 해줘야해. 요즘에 뭐, 인터넷 안되는 키즈폰 이런 것도 많던데 그거라도 하나 해줘. 옆에서 보는 내가 더 불안하다."

나는 8살이 된 아이라면 혼자 학교에 갔다 집으로 돌아올 수 있고, 처음에는 익숙하지 않던 생활도 몇 번의 시행착오를 겪으면 충분히 할 수 있다고 생각한다. 그런데, 많은 사람들이 세상이 험해졌기에 요즘에는 안전 장치 하나쯤은 있어야 한다고 권유했다. 맞는 말이긴 하나 설득은 되지 않았다.
아이도 처음에는 스마트폰을 사달라고 하더니 어린 나이에 스마트폰을 했을 때의 유해성에 대해 이야기하니 더 이상 조르지 않았다.
그러다 아이가 고학년이 되고 급기야 코로나 상황으로 인해 스마트폰, 패드, 노트북 등으로 수업해야 하는 상황이 잦아지니 아이는 본격적으로 필요성을 내세우며 당당히 요구했다.
"엄마, 6학년 중에 스마트폰 없는 애는 나 밖에 없어요(물론 나는 이 말이 거짓인 걸 알고 있다). 줌 수업하는데 엄마 노트북으로만 하는거 불편해요. 스마트폰 사주세요."

코로나 상황에서, 13살인 아이에게 아직 스마트폰을 사주지 않은 내게 어떤 사람은 '시대에 뒤떨어진 엄마'라고 이야기하기도 했다. 세월이 바뀌고 부모가 살던 시대와는 완전히 다른 세상인데 아직까지 엄마 고집으로 아이에게 필요한 것을 제공하지 못한다는 그럴 싸한 명분이었다.

그런데, 솔직하게 말해서, 세상이 바뀌었기에 손 안에서 모든 것이 해결되는 스마트폰이 13살 아이에게 필수품인 것일까?

점심 시간에 가끔 회사 주위를 산책할 때가 있다. 마침 인근에 초등학교가 있어서 우리 아이들 또래와 비슷한 아이들이 있으면 눈여겨 보는 편이다. 초등학교 주위를 갈 때마다 보는 풍경은 비슷하다. 학교 앞 담장에 주르르 앉아 스마트폰에 눈을 떼지 못하고 게임을 하는 아이들의 모습. 여름이면 여름, 겨울이면 겨울 할 것 없이 학교 앞 아이들은 대부분 스마트폰 게임을 하며 시간을 보내고 있다.

놀이미디어교육센터 권장희 소장은 "생각의 힘, 자기의 힘을 키워야 할 나이에 그 힘을 키우는 것을 방해하는 스마트폰이 초등학생들에게 있다는 것은 매우 위험한 일이다."고 말한다.

　말랑말랑한 두뇌, 생각하는 힘 등은 어린 아이들만이 가질 수 있는 특권이다. 작은 우주인 아이들의 머리에 어떠한 것을 주입하느냐에 따라 10년, 20년 후가 완전히 달라진다.
　부모가 해야 할 역할이 아이의 미래를 내다보고 지금 해야 할 것들을 코칭하는 것이라면, 아이의 욕구를 채워주는 스마트폰을 건네는 것보다, 생각을 키울 수 있는 책을 권하고, 갈등을 원만하게 해결할 수 있는 관계 등을 알아가는 것이 아닐까?

　나는 작은 우주인 우리 아이들을 할 수 있는 한 최대한 지켜주고 싶다.

엄마생각

지혜 있는 자의 교훈은 생명의 샘이니

사망의 그물에서 벗어나게 하느니라

_잠언 13:14

4

자녀의 상처를 닦아주는 부모의 사랑

우리 아이들이 다니는 교회 주일학교에서 지난 1월에 튤립 구근을 나눠주었다.

튤립 구근을 1월 즈음에 심으면 3~4월에는 예쁜 튤립 꽃이 활짝 핀다.

아이들과 함께 튤립 구근을 심고 따뜻한 곳에 놔두고 물과 정성을 함께 주면서 자라는 모습을 보았다. 한창 싹이 나고 잎이 영글기 시작할 때, 아이들이 "엄마, 튤립 구근에 곰팡이가 피었어요. 그래서 그런지 저 튤립은 다른 것보다 키가 작아요."라고 하는 것이 아니겠는가!

아이들 말을 듣고 튤립을 심은 화분을 보니 정말로 몇몇 튤립은 깨끗하게 잘 자라는데 구근에 곰팡이가 생긴 튤립은 일반 튤립에 비해 키가 1/3밖에 되지 않고 줄기의 색도 짙지 않았다. 어떻게 하면 좋을까, 고민하다 곰팡이가 핀 튤립 구근을 조심히 흙에서 꺼내 살살 닦아내고 곰팡이가 깊숙이 들어간 부분은 칼로 도려내 다시 화분에 심었다.

"구근의 일부를 도려냈는데, 과연 잘 자랄까? 혹시, 영양분을 온전히 흡수하지 못해 꽃을 피우지 못하면 어쩌지?"

한번도 해보지 않은 일을 하기에 궁금하기도 하고 걱정이 되기도 했다.
그리고 며칠 후, 아이들이 들뜬 목소리로 나를 불렀다.

"엄마, 엄마, 지난번에 곰팡이 났던거 봐요. 저렇게 빨리 자랐어요. 이제 건강한 튤립과 키가 비슷하게 되었어요."

정말이었다. 일주일 전만 해도 키도 작고 흐물흐물 했던 튤립이 일주일 만에 건강한 튤립과 비슷한 속도와 모양으로 자라고 있는 것이었다.

아이들과 함께 튤립 구근을 심고 자라는 것을 보면서 자녀를 양육하는 것도 이와 비슷하다는 것을 깨달았다. 뿌리가 깨끗해야 튤립이 바로 자라듯 아이들이 바른 신앙으로 자라기 위해서는 본질적인 부분이 바르게 되어야 한다는 사실 말이다.

아이들은 자라면서 숱하게 상처가 나고 분별력을 잃은 채 살아갈 수 있지만, 그때마다 튤립 구근에 핀 곰팡이를 깨끗하게 닦아주듯 아이의 상처를 낫게 해주고, 올바른 판단을 할 수 있게끔 코칭 역할을 부모가 해야 할 것이다.

아이들을 양육하면서 어렸을 때는 아름다운 꽃처럼 조심조심 정성껏 키우다가, 사춘기가 되어 부모 말을 듣지 않을 때면 그만 다 내려놓고 싶을 때가 있다. 그럴 때, 나는 튤립을 보며 헝클어진 마음을 다시 잡는다.

금방이라도 시들 것 같았던, 너무 키가 작아 전혀 열매를 맺지 못할 것 같은 뿌리의 더러움을 닦아내고 상처를 도려내니 다시 쑥쑥 자라며 아름다운 꽃을 피운 것처럼, 아이들의 마음 깊은 곳에 보이지 않는 아픔과 상처를 보고 닦아줄 수 있는 부모가 되어야겠다고 생각한다.

엄마생각

세상이 줄 수 없는 소중한 것들이
가정의 식탁에서 만들어진다.
엄마의 정성, 감사한 마음, 기쁨의 몸짓, 힘듦의 표현
식탁에서 마음의 따뜻함이 차곡차곡 쌓여간다.

5

"어떻게 하면 우리 아이에게
기독교 세계관을 심어줄 수 있을까?"

"왜요? 그거 맞아요? 네이버 지식에서 그렇게 말해요?"

순간 망치로 머리를 한 대 맞은 것 같았다. 중학생이 되면 초등학교 때와는 완전히 다른 아이로 변한다는 말은 들었지만, 막상 내 아이가 나의 눈을 똑바로 쳐다보며 엄마 말을 믿지 못하겠다는 뜻의 말을 하자 머릿속이 멍해졌다.

일주일 전까지만 해도 부모의 말에 큰 거부 없이 "알았어요." 혹은 "하기 싫은데… 그래도 알겠어요."라고 말하던 아이가 중학교 입학과 동시에 "왜요?"라는 말을 하루에도 수십번씩 한다. 그리고 뒤따라 오는 말은 "친구들은 그렇게 말하지 않던데요." "내가 읽은 책에서는 이렇게 쓰여져 있던데, 엄마 말이 맞아요?" 등의 자신의 생각을 다른 사람들 혹은 책의 표현을 대신해 이야기한다.

갑자기 달라진 아이의 변화를 지켜보면서 자아가 생기고 사고가 넓어지면서 겪는 자연스런 성장과정이라는 것을 인정할 수밖에 없었다. 비록 내 시각에서는 아이의 버릇이 없어진 것 같고, 따박따박 엄마 말에 대드는 것 같아 당황스럽지만 아이는 지금 밀착되어있던 엄마의 생각에서 나름대로의 거리두기를 하고 있는 단계인 것이다.

아이가 내 품에 있을 때는 언제든 나의 가치관을 아이에게 전할 수 있을 것이라 생각했는데 막상 아이의 생각이 자라고 독립할 시간이 가까워졌다고 생각하니 당장 신앙 부분에서 마음이 조급해지기 시작했다.

'내가 보기에 우리 아이는 아직 신앙이 어린 아이 수준인데 혹시 믿지 않은 친구들을 만나서 세상적인 것에 마음을 다 뺏기는 일이 생기지는 않을까?'

물론, 부모로서 아이에 대한 기본적인 믿음은 있기에 엄마 품을 떠나 약간의 방황을 하더라도 큰 걱정은 되지 않는다. 그러나, 내 아이의 세계관, 가치관, 사고 부분에서는 진지하게 고민을 시작해야 하는 시점이라는 생각이 들었다.

그리고 그 때부터 '중학생이 된 아이에게 어떻게 하면 기독교 세계관을 자연스럽게 알려줄 수 있을까?'가 나의 큰 숙제가 되었다.

미디어를 비롯한 세상에서 "혼자살아라. 너가 편한대로 행동하라."고 끊임없이 이야기 할 때, "우리는 공동체를 이뤄야 한다. 이웃을 생각하며 함께 살아야 한다."는 정서를 심어주는 것, "어차피 세상은 금수저 흙수저로 나뉘어졌어. 이 세상에서는 물질이 최고야."라고 말할 때 "이 세상에 태어난 목적이 있고, 나에게 맞는 가치있고 의미있는 일들이 있다."는 사상을 새겨주는 작업을 시작할 때가 된 것 같다.

이에 대한 첫 작업으로 아이에게 책을 한 권 선물했다. 내가 느끼기에는 아주 재미있고 청소년들이 쉽게 읽을 수 있는 기독교 사상에 관한 책을 조심스럽게 건네며, 엄마와 함께 읽고 2주 후에 이야기를 나눠보자고 했다. 물론 아이는 그리 반기지 않는 표정을 지었지만 이내 수긍하며 책을 펼치는 모습에 한결 안심이 되었다.

가만히 두면 세상의 기류에 휩쓸리기 쉬운 청소년 시기에, 아이와 함께 읽고 생각하고 나누면서 천천히 기독교인의 길을 찾고, 더불어 함께 성장하기를 기대해본다.

엄마생각

하나님이 지금 내게 속삭이신다.
"내가 오늘 네게 준 선물, 잘 누리고 있니?
따스한 봄과 4명의 아이들 말이야."

6

고난주간,
아이들과 함께 새벽을 환하게 열기!

3월 마지막 주 첫 월요일, 봄은 왔지만 아직 공기가 찬 이른 새벽 4시 10분.

평소 같으면 아이들이 한창 꿈나라에 있을 시간이지만 그 날은 나의 목소리가 다급하게 아이들 이름을 하나 하나 부르며 깨우고 있다.

"은성아, 일어나야 해. 오늘부터 고난주간 특새 기간이야. 일어나기로 했지."

첫째가 부스스 일어나서 주섬주섬 옷을 챙겨 입는다. 눈이 떠

지지 않아 몸은 따뜻한 이불 속으로 다시 들어가고 싶지만, 오늘부터 일주일 동안은 새벽에 일어나야 한다는 것을 알기에 꾸역꾸역 아침을 깨운다.

둘째는 어젯밤부터 요란하게 새벽을 기대하고 있었다. 워낙 교회에서 친구들과 어울려 노는 것을 좋아하는 아이라 새벽기도에 가면 친구들이 많이 올 것이라 기대해 전날부터 알람을 맞춰놓고 옷도 미리 다 입고 자는 등 만반의 준비를 마쳤다. 물론, 일어나는 것도 그리 어렵지 않았다. 알람이 울리자, "엄마, 오늘 고난주간 맞지? 지금 바로 일어날게." 라며 대견스럽게 스스로 준비하며 거실에 앉아 있는 것이 아닌가!

문제는 셋째와 넷째이다. 아직 어린 두 아이는 몇 번을 흔들어 깨워도 일어날 생각을 하지 않는다. 한참을 깨워도 반응이 없자 급기야는 "새벽기도 갔다 오면 젤리 사줄게. 아이스크림도."라며 겨우겨우 달래서 차에 태웠다.

아직도 어둑어둑한 새벽 4시 40분.
아이들은 잠이 덜깬 채 몽롱한 상태로 무작정 아빠, 엄마를 따라 교회로 나선다.
비록 이 아이들이 평소와 달리 일찍 일어나 새벽기도를 간다고 해서 갑자기 성령의 은혜가 부어져 완전히 다른 삶을 살게 되는 것도 아니고, 고난주간의 의미를 엄청 깊이 생각해 스스로 십자가를 묵상할 수 있게 되는 것도 아닌데 남편과 나는 왜 힘들게 아이들을 깨워 새벽 기도회에 참석하게 할까? 이렇게까지 해서라도 아이들에게 남기고픈 것은 무엇일까?

그것은 바로 '이미지'고 '추억'이다.
우리 아이들이 어른이 되어 이맘때를 기억할 때, "벚꽃이 흐드러지게 피던 봄날에 고난주간을 맞아 엄마 아빠와 함께 간 특별새벽기도회 때 들었던 목사님의 말씀이 내 인생을 바꾸어 놓았어요!"라고 생각해주면 가장 보람되고 좋을 것이다. 그런데 나도 신앙생활을 통해 여러 경험들을 해 보니 그런 일은 극히 드물고, 어릴 때 아이들에게 남는 것은 '이미지'와 '추억'이라는 것을 알게 되었다.

그래서 비록 아침에 눈뜨기가 버겁고, 일어나기 위해서는 수만번의 다짐과 각오가 있어야 하지만 그 힘듦을 꺾고 나가는 것이다.

어린 시절, 고난주간에 아빠와 엄마와 함께 새벽에 일어나 온 가족이 교회에 갔다는 이미지와 스토리를 남겨주기 위해서이다(물론, 고난주간과 부활절의 의미에 대해서 아이들에게 알려주기 위함도 있다).

매해 고난주간에 새벽기도를 간 경험이 쌓이면 먼 훗날 아이들이 자랐을 때, 고난주간만 되면 아주 자연스럽게 이 장면이 떠오르게 될 것이다. 교회에 대한 좋은 이미지와 함께.

일주일 동안, 새벽기도를 완주하기까지 많은 장애물이 있었다.
목요일 새벽에는 남편과 나도 일어나기가 버거웠으며, 아이들은 첫날의 호기로움은 사라지고 '자고 싶다'며 1분이라도 더 이불 속에 있으려고 애를 썼다.
드디어 마지막 날, 새벽기도를 마치고 돌아오며 남편과 나는 아이들에게 완주했다는 기쁨과 성취를 주기 위해 햄버거를 아침으로 사주었다.
아이들은 좀처럼 아침에는 먹을 수 없는 햄버거를 손에 쥐며 일주일의 힘듦과 괴로움은 다 잊은 채 "엄마, 너무 좋아. 언제 또 새벽기도 가는 거야? 나 또 갈래."라며 내년을 기약한다.

그래, 어렵게 생각할 게 있을까? 아이들에게 즐거움과 행복을 주며 하나님에 대한 좋은 이미지를 심어주는 것. 지금 부모로서 할 수 있는 것은 이것 뿐임을 또 한번 새긴다.

엄마생각

"사순절 기간 이라

엄마가 암송카드를 매일 매일 주고 있어요.

3주 동안 매일 외우고 있는데,

아침마다 사약을 받는 기분으로 암송카드를 받고 학교로 간답니다.

엄마는 우리가 즐겁게 외우라고 암송카드에 우리 얼굴도 넣었지만

이제는 내 얼굴도 보기 싫을 정도예요.

하지만, 엄마 앞에서는 이렇게 웃을 수 밖에 없어요.

엄마의 노력과 수고를 알기에…

그래서 오늘도 우리 넷은 카메라 앞에서 이렇게 웃는답니다.

리쌍이 그랬죠. '내가 웃는게 웃는게 아니야'

어린 나이에 우린 벌써 이 노래의 의미를 알아버렸네요."

_아이들 생각

7

잠시 멈추니, 다시 보이는 소중한 것들

5월 5일 어린이날이 지났다. 첫째가 14살이니 14년 동안 5월 첫주가 되면 올해는 또 아이들과 함께 무엇을 해야 하나 고민에 들어간다. 특히 우리 가족은 토요일과 주일에는 교회로 인해, 주중에는 여러 상황들로 인해 제대로 된 여행을 가지 못한 기간이 오래 되어서 2021년 어린이날에는 어디든 나가야만 했다.

 길게 늘어선 줄이 겁이 나기도 하고, 혹시 '많은 인파가 한꺼번에 몰리면 어쩌지' 라는 염려가 밀려왔지만 우리의 선택지는 많지 않았다. 어린이날이면 아이들이 가장 좋아할만한 곳, 꿈과 환상의 공간, 바로 '놀이공원'이다.

4일 저녁 아이들에게 "내일은 놀이공원에 가자."라고 말하니, 큰 아이는 엄청 좋지만 사춘기다보니 절제해서 빙긋 웃는 수준이고, 둘째와 셋째는 춤을 추고, 막내는 뭣도 모르고 노는 거냐며 무조건 좋아한다.

밤새 천둥번개가 쳐서 남편과 나는 마음을 졸였지만, 5일 새벽부터 파란 하늘이 펼쳐지고 날이 맑아지면서 아이들의 부푼 기대는 더욱 높아졌다. 부산에서 경주로 향하는 차 안에서 아이들끼리 노래를 부르며 오랜만에 나들이에 흥이 최고조로 올라 신나했다.

도착하자마자 눈앞에 펼쳐진 긴 입장줄을 보며 남편과 나는 입이 쩍 벌어지게 놀랐지만 아이들은 이것쯤은 아랑곳하지 않다는 듯 신나게 기다리고, 기분 좋게 입장했다.

애니메이션을 만드는 디즈니가 판타지의 정점인 놀이동산을 배경으로 삼는 이유를 입구에 들어서면서부터 알았다. 현실을 벗어나 새로운 세상으로 입장하는 듯한 놀이동산의 넓은 문을 지나면 눈 앞에 펼쳐지는 것은 동화 속에서나 나올법한 화려하면서도 웅장한 건물들이다. 그 건물들의 아름다움에 빠질 때 즈음, 현실 세계에는 없는 짜릿함을 선사해 줄 놀이기구들이 등장한다.

우리 가정은 4명의 아이들의 나이가 다 다르기에 팀별로 나누어 다녔다. 아빠와 함께 다니는 아이들은 바이킹, 롤러코스터 등 고난이도의 놀이기구, 엄마와 다니는 아이들은 가족 열차, 회전 목마 등 유아들이 탈 수 있는 것으로 구분했다.

어린이날이라 오후에는 사람들이 많이 들어와 놀이기구를 타기 위해 한 시간 정도 기다려야 하는 경우가 있었는데 평소같으면 짜증내고 화를 내야 할 아이들이 그 때는 자기들끼리 즐겁게 이야기하고 놀면서 잘 기다렸다. 또한 놀이동산에 있을 때는 아이들에게 다그치거나 큰 목소리로 이야기해야 할 경우가 없을 정도로 말을 잘 들었다.
"엄마, 11년 동안 살면서 오늘이 가장 즐거운 날이에요."라고 둘째가 말했을 만큼 아이들도 좋은 시간이었음에 틀림없었다.

그러고 보니, 남편과 내가 아이들에게 하루 온종일 집중해서 시간을 보낸 적이 많이 없었다는 생각이 들었다.
주말에는 주일을 위해 준비하는 시간으로 바빴고, 평일에는 각자 해야 하는 일 때문에 즐길수가 없었다. 물론 틈틈이 여유가 있을 때마다 아이들과 함께 하기 위해 나름대로 애는 썼지만 아이들의 입장에서는 늘 부족했을 것이다.

겨우 하루, 아침부터 오후까지 우리의 일들을 멈추고 아이들을 위해 에너지를 쏟으니 힘이 든 것이 아니라 오히려 아이들에 대한 소중함이 파도처럼 밀려왔다.

함께 아이스크림을 먹으면서도 깔깔대고, 긴 줄을 기다리면서도 장난을 치고, 놀이기구를 탈 때는 가슴이 콩닥콩닥 거린다고 서로 이야기하고…

함께 웃고, 함께 즐거워하는 아이들을 보니 부모가 부모의 일을 멈추어야 아이들의 소중하고 귀함이 보인다는 생각이 들었다.

'매달 이렇게 아이들과 시간을 보내겠다, 혹은 두 달에 한 번 여행을 가겠다.' 등의 지킬 수 없는 약속은 못하겠지만 그래도 의식적으로 나의 일을 멈추고 아이들에게 집중하는 시간을 내야겠다는 결심을 돌아오는 차 안에서 잠든 아이들을 바라보며 했다.

잠시 나를 멈추니 우리 아이들의 소중함이 더 깊게 와 닿는다.

엄마생각

이렇게 맑은 웃음을 가진 아이가 내 자녀인데,
세상에 넘지 못할 산이 어디 있을까!

여름

8

*"하나님,
우리 엄마 이번 책 많이 팔려서
맛있는거 많이 사줄 수 있게 해주세요"*

나는 현재 1인 출판사를 하고 있다. 아직 출판사가 자립할 상황이 아니라 다른 일도 이것저것 하지만 원래 나의 주 업무는 출판이다. 우리 아이들은 엄마가 책 만드는 일을 한다는 것을 잘 알아서 내가 늦은 밤이나 이른 아침 글을 쓰거나 교정을 보고 있으면 "엄마, 이번에는 무슨 책 나와?"라는 말을 종종 하곤 한다.

몇 권의 책을 출간하면서 아이들이 자연스럽게 알게 된 것은 엄마가 책을 새롭게 내도 그다지 큰 수익이 발생하지 않는다는 사실이다.

5월 31일, 새 책 출간을 앞두고 그 전 주일에는 거의 잠을 못 자며 마지막 작업을 한창 하고 있었다. 그 날 밤에도 아이들이 엄마가 바쁜 것을 아는지 스스로 샤워를 하고 자기들끼리 이런 저런 이야기를 하며 잘 준비를 하고 있었다. 그 때, 중학교 1학년인 큰 아이와 초등학교 4학년인 둘째가 나의 책을 주제로 이야기를 나누는 것을 우연히 들었다.

"오빠, 엄마 이번에 새 책 나오는가봐. 잠도 못자고 엄청 열심히 하는 것 같은데…"
"책이 나오면 뭐해? 누가 그 책을 읽는다고…"

이 말을 듣는 순간, 큰 아이에게 당장 뛰어가 "너 지금 뭐라고 했어? 엄마 책을… 뭐라고…"라며 큰 소리치고 싶었지만, 그러면 안 될 것 같아 인내심을 발휘해 참고 그 다음 대화를 이어 들었다.

"오빠, 어떻게 그렇게 심한 말을 할 수 있어? 엄마가 저렇게 열심히 일하는데, 책이 잘 나오고 사람들도 많이 봐야지."

그래, 그래, 역시 딸 밖에 없다. 엄마 상황을 깊이 공감해주며 예쁜 말을 해주니 없던 힘이 저절로 생기는 기분이었다. 그 때, 그 다음 말이 나의 가슴을 아리게 했다.

"오빠, 오빠도 엄마 책 나올 때 기도 많이 해. 나는 매일 기도하고 있어. '하나님, 우리 엄마 이번 책 많이 팔려서 우리에게 맛있는거 많이 사 줄 수 있게 해주세요' 라고. 그러니까 오빠도 기도해."

 엄마가 하는 일에, 엄마를 위해 진심으로 응원하는 아이들의 기도 소리를 들을 때면 일을 하다가도 멈추고 내가 하는 일이 어떤 의미를 갖는지 다시 한 번 생각해본다.
 사실, 내가 하는 일에 과도한 의미를 부여하는 것은 나에게 그다지 좋은 영향을 미치지 않는다는 것을 알기에 가급적이면 내게 주어진 것만 생각하고 깊게 생각하지 않으려고 애쓰는데 이럴 때는, 어느 순간 아이들이 나의 영역에 훅 들어올 때는 조심스럽게 내가 하는 일에 대해서 깊게 생각하는 시간을 가진다.

 출판을 처음 시작할 때, 여러 목적이 있었다. 그 중 하나는 '내가 만든 신앙 도서를 우리 아이들이 재미있게 읽었으면 좋겠다'는 작은 바람이 포함되었다. 즉, 우리 아이들이 읽을 수 있는 믿음의 글들을 세상에 내보이고 싶은 마음이었다. 실제로 중학교 1학년인 큰 아이는 가끔 내가 출판한 책들을 보며 이런 저런 피드백을 해주기도 한다.

  이런 나의 마음을 모아 일주일 전 또 한 권의 책이 엠마우스를 통해 출간되었다. '사회비평에세이'라는 교계에서는 비교적 접하기 힘든 분야이지만 기독교 세계관의 실천편이라 생각하면 이해하기 쉬울 것이다.

  이번에 나온 「시선」이라는 책이(저자인 홍석진 목사님의 표현을 빌려) 예기치 않았던 시대 가운데 누군가에게 작은 위로가 되고 도전이 되길 바라며, 더불어(우리 아이들의 표현을 빌려) 책이 많이 팔려 아이들에게 맛있는 것을 많이 사줄 수 있기를 희망적으로 바라본다.

바다와 함께 사랑의 춤을

9

몸으로 경험하고
가슴으로 느끼는 교육을 꿈꾸며

땀을 뻘뻘 흘리고 산을 오른 후 시원한 물 한 잔 벌컥벌컥 마시기, 해가 질 무렵 모래를 밟으며 시원한 바닷가의 공기 느끼기, 놀이터에서 술래잡기를 하다 엄마를 발견한 후 와락 안기기, 보조바퀴를 뗀 후 신나게 두 발 자전거로 달리기

요즘 텔레비전에 자주 등장하는 육아 프로그램들을 보면 두 가지를 느낀다. 하나는 '내가 자본주의 사회에서 살아가고 있구나!'이고, 또 하나는 '사람을 특히 어린 아이를 키우는 것은 돈이 전부가 아닌 다른 것이 필요할텐데…'라는 생각이다.

아주 어릴 때부터 화려하게 세팅된 키즈카페에서 노는 아이들이 바닷가 모래를 만질 때 느껴지는 오묘한 촉감과 약간의 지저분함을 어떻게 알 수 있을까, 아이가 필요를 느끼기도 전에 부모가 알아서 제공하면 아이는 무엇으로 성취감을 느끼고 경험할 수 있을까?

세상은 물질만 있으며 뭐든지 다 이룰 수 있고, 원하는 것을 가질 수 있다고 줄기차게 말하지만, 사실 인간이 인간되는 가장 기본적인, 예를 들어 사랑, 자존감, 배려, 충만과 같은 마음의 자양분들은 물질 만으로 형성되는 것이 아니라 다른 무엇이 필요하다.

그 다른 요소 중 하나는 대체 불가능한 자신만의 경험이다.

2016년에 1년 동안 제주도에 살 기회가 있었는데, 그 때 큰 아이가 초등학교 2학년, 막내가 100일 정도 될 무렵이었다(막내는 제주도에서 태어났고 외출이 가능한 한 달 후부터 여기저기 함께 다녔다). 그 때 나의 하루 일과 중 가장 중요한 것은 '아이들과 함께 밖으로 나가기'였다. 내가 본 제주도는 발을 딛는 모든 곳이 아이들의 놀이터였다. 차를 타고 10분 정도만 가면 환상적인 바다가 눈 앞에 펼쳐지고, 또 차를 타고 10분 정도 더 가면 저기 오름직한 동산이 반기고 있었다. 절물자연휴양림같은 곳은 봄, 여름, 가을, 겨울 매일 매일 다른 매력을 뿜어내기에 언

제든 가도 새로웠다.

   집 안에서 장난감을 갖고는 한 시간 이상 지속적으로 노는 것을 지겨워하는 아이들이 밖에 풀어 놓으면 한 두시간은 물론이고 한나절 내도록 놀고 또 노는 것을 보면서 '아이들을 키울 때 가장 중요한 것'이 바로 '밖'이라는 것을 깨달았다.

   밖에 나갔을 때 마음껏 상상하며 어디든 뛸 수 있는 자연이 있으면 좋겠지만 그럴싸한 자연이 아니어도 괜찮다. 아이들이 직접 경험하고 무엇인가를 느낄 수 있는 따뜻한 햇살과 시원한 바람만 있으면 어디든 최적의 교육 장소이다.

   최근에 오랜만에 바닷가를 찾았다. 이른 저녁을 먹고 아직 해가 떠 있는 것을 보며 온 가족이 갑자기 바다로 간 것이다. 바닷가에 도착 후 처음에는 그 주변을 산책했다. 새롭게 꾸민 구름다리 같은 것을 건너고, 돌도 몇 개 주우며 이런 저런 이야기를 했다. 그러다 아이들이 모래 위를 걷고 싶다고 해 양말을 벗고 본격적으로 바다 곁에서 맴도는 순간 아이들의 숨은 의도가 드러났다.

"엄마, 바닷물에 발만 살짝 담그면 안될까요?"

아이들을 키우면서 바닷가에 가기로 마음 먹었다는 것은 그 순간 이미 아이들이 바닷물에서 놀고 있으며 결국 옷이 다 젖을 것을 경험적으로 예상해야 한다. '그래, 너희들이 여기까지 왔으면서 어찌 그 말이 나오지 않나 싶었다'를 마음 속으로 생각하며 "아직 날이 추우니 10분 정도, 발만 담그자."라며 지키지도 못할 약속을 받아내고 아이들을 물로 보냈다.

"오빠, 진짜 시원하지. 우리 안으로 더 들어가자."부터 시작해 "우리 물이 오면 4명이 동시에 뛰는 거 하자."까지 누가 먼저랄 것도 없이 장난치고 웃고 떠들며 달이 저 멀리 보이지 않을 깜깜한 밤이 될 때까지 그렇게 놀았다.

"엄마, 날씨가 계속 좋았으면 좋겠어요. 오늘처럼 매일 밖에 나가서 놀게."

집으로 돌아오는 차 안에서 아이들은 한결같이 밖에서 또 놀고 싶다며 다음을 기약한다. 그리고 그 날 아이들의 일기장에는 "너무 재미있었다." "또 가고 싶다." "바다가 너무 좋다." 등 기분 좋은 단어들로 가득 차있었다.

큰 돈을 들이지 않아도 소소하지만 확실한 행복을 느낄 수 있는 '밖에서 놀기'. 나는 앞으로도 상황이 되는 한 이 교육 방법을 추구하며 몸으로 경험하고 가슴으로 느끼는 아이들로 키우고 싶다.

엄마생각

그러나 나는

하나님의 집에 있는 푸른 감람나무 같음이여

하나님의 인자하심을 영원히 의지하리로다

_시편 52:8

10

"엄마가 너희의
정서적 지지 기반이 되어 줄게!"

"엄마, 오늘 학교에서 무슨 일이 있었는지 알아?"
초등학교 4학년 딸이 학교에 갔다 와서는 친구들 사이에 있었던 일들을 조잘조잘 이야기한다.

"내 친구가 그 일 때문에 엄마한테 엄청 혼나고 벌도 섰대. 진짜 슬펐을 것 같아. 내 친구 너무 불쌍해. 그 엄마 너무 했어."
"친구한테 그런 일이 있었구나. 그런데, 이야기를 들으니 은별이 친구도 이런저런 부분에서는 잘못한 것 같은데, 그 엄마도 딸이 그렇게 행동해서 기분이 나빴을 것 같아."

아이의 이야기를 듣고 의견을 말하려는 순간, 아차 싶었다. 아이는 이미 100% 자신의 말에 공감하지 않은 나를 향해 불신하는 표정을 짓고 있었고 나도 '그냥 잠잠히 듣기만 할걸…' 이라는 후회가 밀려올 때는 이미 늦었다는 것을 직감했다.

'부분적 공감'

결혼을 하고 아이를 양육하면서 깨달은 나의 한계 중 하나는 '나는 누군가를 온전히 100% 공감하지 못하는 사람'이라는 사실이다. 그 상대가 내가 사랑하는 남편이나, 내가 낳은 아이라 할지라도 말이다. 나의 가족은 내게 '온전한 공감' 받기를 원하며 감정을 쏟아 대화를 하는데도 불구하고 나는 온전히 공감해주는 척 하지만 실제로는 '부분적 공감'만 하며 대화의 종착지로 가면 갈수록 내 이야기만 하는 어리석음을 수없이 많이 저지른다.

특히, 아이들과의 관계에서 정서적 공감이 중요하다는 사실을 '머리'로 알기에 공감하는 척, 마음을 이해하는 척, 100% 경청하는 척 하지만 내 마음 속에는 '내 것을 아이들에게 주입'시켜야한다는 속셈이 꿈틀거리고 있다.

사람의 내면을 건강하게 만드는데 필요한 결정적인 요소 중 하나는 가까운 사람으로부터 받는 '정서적 지지'이다. 내 편이 되어주는 단 한 사람, 내가 무슨 말을 해도 나의 정서를 100% 공감해 줄 수 있는 단 한 사람, 내 마음이 무너져 내릴 때 언제든 기댈 수 있는 단 한사람만 있어도 사람은 절망하거나 포기하지 않고 살아갈 수 있다.

특히 내면이 막 자라기 시작한 아이들에게는 가장 가까운 엄마, 아빠로부터 받는 절대적 공감과 수용이 인생을 건강하게 펼쳐갈 평생의 거름이 된다.

그런데, 난 사실 공감과 수용이 쉽지가 않다.

내가 사랑하는 아이들에게는 말처럼 그들의 정서적 지지 기반이 되어주고 싶은데, 실제 삶 속에서는 나의 정서를 읽고 처리하는 것만으로도 벅차서 아이들의 마음을 100% 온전히 수용하지 못하는 경우가 훨씬 많다.

그래서 오늘부터 연습하기로 했다.

먼저, 아이가 나를 부를 때는 하는 일을 멈추고 아이에게 집중하기로 했다. 일을 마치고 집에 들어오면 나를 기다리는 것은 아이들뿐만이 아니다. 싱크대에 쌓여있는 그릇들, 건조기 속에 들어있는 빨래들, 거실 여기 저기 널려 있는 책들 등 모두 나의 손을 거쳐 제자리를 찾아야 한다. 빨리 집안일을 끝내고 아이들 저녁 준비를 하기 위해 분주하게 움직이면 아이들이

"엄마"라고 불러도 그 일을 하면서 대충 "어, 무슨 일이니?"라고 흘려보낼 때가 많았다. 아이의 요구를 심각하게 받아들이지 않은 것이다. 그래서 이 훈련부터 시작해보았다. 내가 무슨 일을 하고 있어도 아이가 부르면 하던 일을 멈추고 즉각 반응하기. 물론 쉽지 않았다. 거품이 잔뜩 묻은 고무장갑을 쉴 새 없이 빼다 끼다를 반복했으며 두부 한 모를 온전히 다 쓰는데 20분이 걸리기도 했다. 물론 시간이 지나면서 절충점을 찾아 처음보다는 시간이 많이 줄어들었지만 그래도 아이들의 입장에서 그들의 요구를 먼저 들어주는 일은 시간과 희생이 필요했다.

또한, 아이들 한 명 한 명과 하루 10분 정도 대화하는 시간을 갖기로 했다. 아이들이 많아서 엄마와의 둘만의 대화 시간이 필요한데 지금까지는 실천하지 못했지만 지금부터 한 걸음이라도 내딛어 보는 것이다.

나도 엄마가 처음이라 수없이 많은 시행착오를 겪는 중이어서 아이들의 온전한 정서적 지지 기반이 되어 줄 수 있을지는 여전히 의문이다. 하지만 분명한 것은, 내가 아이들에게 버팀목이 되는 존재, 어떤 상황에서도 아이들 편이라는 정체성을 내가 먼저 인식하고 행해야 한다는 사실이다. 이 가치를 마음속에 담고 노력할 때 아이들에게 나의 진심이 조금이나마 전달되리라 기대한다.

엄마생각

아이들과 함께 산에 자주 올랐는데,
정상에 오를 때마다(집앞 작은 동산이라도)
이런 말을 해주곤 했다.
"얘들아, 힘들고 어려울 때,
산에 올라와서 하늘을 한 번 봐봐.
두려움이 없어진단다"
한참 어린 꼬맹이들이
이 말을 가슴에 새겼는지 모르겠다.

11

직박구리가 나에게 깨우쳐 준 것들

토요일 아침이었다. 평소보다 여유롭게 시작하는 토요일 아침에 아이들과 함께 산을 오르기로 했다. 날도 화창하고 기분도 좋아 아이들과 연신 즐겁게 노래를 부르며 산으로 향하는 길목에 들어섰다. 한 20분쯤 길을 걸었을까, 갑자기 제일 앞서 가던 셋째가 소리를 지르며 멈춰서는 것이 아닌가! 무슨 일인가 싶어 셋째 옆에 가서 자세히 보니, 새 한 마리가 뒤집혀서 퍼득퍼득 거리고 있었다. 나는 지금까지 한번도 새가 (사람이 누워 있는 모양처럼) 뒤집힌 것을 보지 못해서 아픈 새가 불쌍하기보다 징그럽다는 생각이 먼저 들었다. 하지만 아이들은 아픈 채로 힘없이 쓰러진 새를 불쌍히 여기며 '우리가 구해야 한다'

고 내가 어떤 행동을 취하길 바랐다.

　문제는 그 때부터 시작되었다.
　엄마인 나는 거리에 쓰러져 움직이지 못하는 어린 새를 어떻게 할 수가 없었다. 심지어 지렁이와 개미의 공격에 누워 있는 새의 날개가 잠깐 퍼득일 때는 소리를 지르며 아이들 뒤로 숨기도 했다. 그런 내가 무엇을 어떻게 할 수 있단 말인가! 나는 그저 적당히 동물에 대한 동정심을 갖고 있다가 우리가 해 줄 수 있는 것이 아무것도 없다는 것을 깨닫고 빨리 그 자리를 뜨길 바라는 마음이었다. 그래서 실제로 30분 즈음이 흐른 후부터는 발을 동동 구르고 있는 아이들에게 "우리가 여기에 계속 있어봤자 할 수 있는 것이 아무것도 없어. 우리는 할 수 있는 모든 방법을 다해 어떻게 해보려고 했지만 할 수 없어. 이제 그만 가자."고 재촉하기도 했다.

　그런데 아이들은 완강했다. 특히 둘째 딸은 금새 눈물이라도 뚝뚝 흐를 것처럼 슬픈 표정을 지으며 내게 동물병원에 전화를 하든, 어떻게 하든 이 새를 돕기 전에는 절대 산에 가지 않을 거라며 으름장을 놓았다. 정말 난감했다. 특히 아이들이 "엄마는 교회도 다니면서 어떻게 이렇게 아픈 새를 보며 그냥 갈 생각을 할 수가 있냐."고 말할 때는 나도 할 말이 없었다.

그래서 할 수 없이 119에 전화를 했다. 모르겠다. 왜 하필 그 때 119가 생각이 났는지, 119로 전화하면 이런 위급 상황에 답을 찾을 수 있을 것 같았다. 119에 전화해서 사정을 이야기하니 민원 상담하는 곳인 110에 전화를 하란다. 119를 끊고 다시 110에 전화를 하니 야생동물 구조와 관련된 것은 관할 구청에 알아봐야 한단다. 그리고 덧붙여서 오늘이 토요일이라 관련 민원이 제대로 처리되지 못할 수 있다는 상세한 설명과 함께. 다시 또 구청에 전화를 하니, 야생동물 긴급구조대로 연락해 드디어 담당자와 전화 통화가 이뤄졌다.

담당자에게 누워있는 새 사진을 문자로 보내주니 어딘가에 부딪힌 '직박구리'라며 상자를 구해 옮긴 다음 잘 보관하고 있으면 오후에 구조하러 오겠다고 한다.

내가 이 사실을 아이들에게 말하자 그 다음부터는 아이들이 일사천리로 움직였다. 상자를 구하는 일도, 새를 보호하는 일도 아이들이 알아서 다 했다. 나는 징그러워 차마 직박구리 근처에 가기도 싫은데 둘째는 맨손으로 그 새를 만지며 상자에 담아 집까지 모시고 왔다. 아이들은 집 앞 놀이터에 직바구리를 두고 눈을 떼지 못하며 긴급구조원들이 오기만을 기다렸다.

약 2시간 후 긴급구조차량(야생동물-천연기념물) 이라는 마크가 붙은 차가 와서 직박구리 상태를 확인하고는 잘 치료하겠다고 데리고 갔다. 아이들은 그제야 안심하며 놀이터에서 돌아와 밥도 먹고 자기들끼리 직박구리 이야기도 하며 시간을 보냈다.

사실, 이 작은 해프닝으로 인해 나는 '당황스런 사건을 만날 때 나의 말과 행동'을 직면하게 되었다. 아픈 새를 볼 때 아이들이 한 말은 "어떻게 해서든 구조할 수 있는 방법을 찾자."라는 것이었고, 난 "우리가 할 수 있는 것은 다 했다."며 그 자리를 빨리 벗어나기를 바랐다. 또한 아이들이 "길거리에 아파 누워있는 새를 보고 그냥 갈 수는 없다."고 말할 때도 나는 "어쩔 수 없다. 우리가 집에 데려가서 키울 수도 없지 않냐?"며 노력도 해보지 않고 포기했다.

"할 수 있을 만큼 했다. 어쩔 수 없다."

내가 아이들에게 쓰지 말라고 했던 문장들을 내가 계속 쓰고 있었다. 그날 밤 혼자 많은 생각을 했다. 이론과 실제의 간극, 알고 있는 것과 실천하는 것의 차이 등에 대해 아이들을 통해 배웠던 점들을 곱씹어보았다.
그리고 육아 15년 차이지만 여전히 나는 아이들을 통해 배우고 있다는 것을 깨달으며 겸손한 마음으로 아이들을 양육해야 함을 다시 다짐한다.

엄마생각

"신앙은 답을 모른 채
계속 나아가는 법을 배우는 일"이라는
어느 신학자의 표현처럼,
일상이 힘들고 지칠지라도 꾸준히 인생의 페달을 밟으며
답이 없는 인생을 살아냈으면 좋겠다.
그리고 가끔은 이렇게 서로 달달한 것을 건네며
위로하기도 하고.

12

얻은 것과 잃은 것

솔직해 질 수 밖에 없는 경우가 있다.

괜찮다고 아무리 주문을 외워도 눈 앞에 감당하기 어렵고 어지러운 상황이 펼쳐지면, 뒤돌아서서 외면하는 것이 아니라 솔직하게 인정하는 것이 해결을 위한 빠른 열쇠라는 것을 잘 알고 있다.

그런데, 솔직해 질 수 밖에 없는 경우에도 회피하고, 숨고, 외면하며 비겁한 모습을 보이는 나와 종종 마주한다. 특히, 아이와 관련된 일일 경우는 더욱 그렇다.

"엄마, 은율이 선생님을 만났는데 나보고 은율이 받아쓰기와

구구단을 가르치래."

아이들 방학이 시작되기 전, 둘째가 학교에서 오더니 나에게 다급한 일을 전하듯 헐레벌떡거리며 말하는 것이 아닌가! 둘째 입장에서 보면 충분히 다급할 수 있는 일이다. 본인은 6-7살 때 한글을 다 알아서 1, 2학년 받아쓰기 할 때는 내가 굳이 가르치지 않아도 알아서 다 했고, 구구단도 설렁설렁 외우면서 끝냈는데 동생은 2학년 1학기가 끝나도록 학습적인 부분이 제대로 된 것 같지 않으니 충분히 놀랄 만하다.

"엄마가 은율이 봐줘야 하는데, 그러지 못했네. 알았어. 엄마가 신경쓸테니까 걱정하지마."

그래, 이쯤이면 슬슬 펑크가 날 만도 하다. 셋째 은율이는 온갖 핑계를 대며 학교 공부 봐주는 것을 미뤄왔다.

"12월 생이기에 조금 늦어도 괜찮다. 위에 형과 누나가 있는데 알아서 어깨 너머로 배우겠지. 또릿또릿해서 자기 알아서 다 할거야."

이런 말들이 주 핑계였다. 그 어느 말에도 "엄마인 내가 너무 여유가 없어서 못 봐주고 있다." 나, "셋째까지는 도저히 신경 쓸 수가 없었다." 등 나 때문, 나 책임이란 말을 할 수 없었다. 이유를 나에게서 찾는 순간, 즉 상황을 솔직하게 인식하는 순간, 나는 무거운 죄책감을 느껴야 하고 그러면 뭔가 총체적으로 복잡해질 것이란 생각에 본능적으로 피하고 싶은 것이다.

아이 4명을 양육하고 일 하면서, 사람들로부터 자주 듣는 말은 "아이 4명을 키우고 일도 하고 정말 대단해요."이다. 이런 말들을 들으면 사실 "아니에요. 아이들 양육도 일도, 제대로 해내지 못해 곳곳에서 펑크가 나는데 그냥 모른 척하고 살고 있어요."라고 솔직하게 말하고 싶은데, 그냥 씩 웃으며 내 마음의 소리를 못 들은 척 하고 만다.

우리나라의 많은 아동 전문가들이 아이가 1세부터 3세까지는 가능하면 주 양육자가 엄마가 되어 안정적으로 양육하는 것이 아이의 평생에 긍정적인 영향을 미친다고 한다. 그런 말을 들으면 나는 그렇게 키우지 못했지만 처해진 내 상황에서 나름대로 최선을 다해왔다고 변명한다. 하지만 마음은 잘하고 싶은데 많은 한계에 부딪혀 곳곳에서 구멍이 펑펑 터진다. 당연한 것이지만, 내가 아이들의 학업에 신경을 쓰고 집에서도 봐주면 별 문제가 생기지 않지만, 그럴 여유조차 생기지 않아 몇 개월 동안 놔두면 '알아서 잘 하겠지'라는 내 희망은 뿌연 연

기처럼 사라지고 그 자리에 뜻하지 않는 문제들만 가득 있는 것을 본다.

그러면, 또 난 상황에 솔직해지지 않고 무슨 핑계를 대서라도 '나 때문임'을 피하고 싶지만, 결국 문제의 해결은 '나 때문임'을 솔직하게 인정하는데서 시작한다는 것을 잘 알고 있다.
가끔, 이런 일이 발생할 때, 스스로에게 묻곤 한다.

"지금 나는 살아가면서 무엇을 얻고, 무엇을 잃고 있는가?"

지금 내게 주어진 여러 역할들을 감당하면서 분명 얻은 것이 있고, 잃은 것이 있을 것인데, 생각할 여유조차 없을 때는 하루하루 살아내기만 하다 만다. 하지만 내가 우선 순위를 바로 세우고 효율적으로 시간과 에너지를 사용할 때 비교적 모든 일이 적절한 조화를 이루어 감을 경험적으로 알고 있다.
"나는 지금 주어진 일에 적절한 우선 순위를 정하며 살아가고 있는가?"

오늘도 이 질문을 되뇌며 분주한 삶의 퍼즐을 맞춰본다.

엄마생각

아이들이 케이크가 먹고 싶다고
한 달 전부터 이야기기했는데,
기다리고 기다렸다 드디어 어제 밤에 사서 집으로 갔다.
기다린 만큼 기쁨도 큰 법.
평소에 하지 않았던 이야기들을 한다.
"엄마가 최고야"
"나는 솔직히 아빠보다 엄마가 훨씬 더 좋아"
"우리 엄마는 우리 마음을 잘 알아"
1년 들을 칭찬을 어제 케이크 하나 사 주고 다 들었다.
케이크 하나로 대동단결해서 강같은 평화를 경험하는
아이들을 보며 이 맛에 육아한다.

자전거 로망

  자전거에 대한 로망이 있었다.
  첫 아이를 임신했을 때, 확 트인 강가에서 산들산들 봄바람을 맞으며 아이들과 나란히 자전거를 타는 모습을 상상하곤 했었다.
  무슨 까닭인지는 모르겠지만, 나는 어렸을 때부터 자전거 타는 것을 좋아했으며 나중에 아이를 낳으면 매주 아이들과 함께 자전거를 타겠노라고 꿈꿔왔다.
  자전거만큼 자유롭고 독립적이며 저렴한 비용으로 최대의 즐거움을 누리는 이동 수단이 또 있을까? 어디든 달리거나 나아가고 싶어하는 인간의 본능을 가장 건전하게 실현시킬 수 있는 수단이 자전거라고 생각해 우리 아이들에게도 이 즐거움을 꼭 누리게 하고 싶었다.

첫째가 3-4살 즈음 페달을 혼자서 돌릴 수 있을 때 네발 자전거를 시작으로, 4명의 아이들 모두에게 비교적 성실하게 자전거를 가르쳤으며(물론, 이 부분은 대부분 남편이 담당했다.) 1년 정도 제주도에 살 때는 큰 애가 학교 갈 때를 비롯 마트 갈 때도 자전거를 타고 갔다.

아주 오랜만에 아이들과 함께 자전거를 타면서 문득 자라나는 아이들에게 자전거가 필요한 이유는 무엇일까, 생각해 보았다.

첫째, 시선을 앞으로, 혹은 자연으로 돌릴 수 있어서 좋다.

혹시 이 글을 읽는 독자들 중 최근에 초등학교 앞에 가본 적이 있는가? 하교 시간에 맞춰 학교 앞에 가보면 아주 진기한 풍경을 만날 수 있다. 바로 삼삼오오 일렬로 모여 핸드폰 게임을 하는 장면이다. 학교 정문 앞이나 문구점 의자에 빼곡하게 앉은 아이들이, 손에 핸드폰을 들고 무언가를 하며 앉아 있다 태권도 학원, 피아노 학원 등의 차량이 오면 그제야 고개를 들고 후다닥 차에 탄다.

이런 아이들, 손바닥 세상에 머물러 있는 아이들의 시선을 어떻게 하면 돌릴 수 있을까? 그런 의미에서 자전거는 아주 좋은 대안이 될 수 있다.

자전거를 타는 동안에는 시선이 앞으로, 더 나아가 자연에 머물 수 있기 때문에 평소에는 보이지 않던 것들을 볼 수 있다. 저 멀리 있는 산, 펼쳐져 있는 구름, 차도 옆에 늘어선 가로수 등 무심하게 지나친 것들이 자전거를 타면 이미지로 박혀서 남는 경우가 있다. 자전거가 주는 묘한 매력이다.

둘째, 마음만 먹으면 어디든 갈 수 있어서 좋다.

아이들에게 자전거는 마음만 먹으면 어디든 갈 수 있는 이동 수단이다. 걸어서 갈 수 없는 거리도 자전거만 있으면 어느 정도까지는 충분히 실현 가능하기 때문이다. 사실 이게 왜 중요하냐면, 보잘 것 없는 일인 것 같지만 의외로 아이들에게 뿌듯한 성취감을 안겨다준다. 아이들은 부모의 도움 없이 먼 거리를 간다는게 힘든 일인데, 자전거는 이 어려움을 스스로 해결할 수 있게끔 도와주면서 동시에 "어른들처럼 나도 해냈다." "나도 혼자서 할 수 있다."는 자신감을 얻게 한다.

굳이 두 가지 이유를 들지 않더라도 자전거는 단순히 타는 그 자체만으로도 즐겁고 재미있다.

오랜만에 아이들과 함께 자전거를 타며, 상쾌한 날씨에 아이들 모두가 자전거를 스스로 탈 만큼 건강하게 자란 것도 감사하고, 자전거를 타면서 함께 웃고 함께 즐길 수 있는 우리가 있다는 것도 더없이 감사했다.

자전거, 앞으로 더 많이 애용해야겠다.

엄마생각

자전거가 주는 해방감을
우리 아이들도 느꼈으면 좋겠다.

가족이라는 이름으로

'주일 저녁'이라 쓰고 '모든 가족이 가장 느슨해지는 시간'이라 읽는다.

교회 생활을 열심히 하기 시작한 청년 시절 이후 주일은 일주일 중 가장 많은 에너지를 쏟는 시간이다. 주일 아침은 대부분 오전 8시 전에 집에서 나가 들어오는 시간은 알 수가 없다. 섬기고 있는 부서의 모임이 빨리 끝나면 해가 떠 있을 때 집으로 오고, 그렇지 않으면 늦은 저녁이 되어서야 돌아올 수 있다.

그래서 주일 저녁 가족이 다 같이 모이면 '먹고' '쉬며' 그냥 논다. 특히 요즘처럼 산책하기 좋은 날씨에는 드넓은 공원에 가서 무작정 걷기도 하고, 커피숍에 가서 차를 마시며 여유를 느끼기도 한다.

그러고 보면, 가족이 가진 회복력은 놀랍다는 생각이 든다. 일주일을 치열하게 보낸 후 몸과 마음이 지친 상태에 주일 저녁 가족과 함께 식사를 하면 그 때부터 몸에 새 기운이 흐르는 느낌을 받는다. 물론 맡겨진 과제를 다 했다는 홀가분함에서 오는 기분 탓일 수도 있지만 만약 주일 저녁 식사를 가족이 아닌 다른 사람과 하면 또 다른 긴장에 새 힘을 얻지 못한다. 나의 모습을 꾸미지 않고 있는 그대로 내 놓아도 아무렇지도 않은 가족과 함께 저녁 한 끼를 먹는 것만으로 새 기운을 얻는다는 것은 가족이라는 공동체가 가지는 회복력이 얼마나 큰지를 보여준다. 비록 때로는 서로에게 상처를 주고, 다른 사람들보다 서운한 감정을 더 느낄 때도 있지만 그래도 가족은 가족이다. 지친 주일 저녁 가족과 함께 식사를 하는 것만으로도, 내가 온전히 편하게 쉴 수 있는 사람들이 있다는 그 사실로도 다시 힘을 얻는 놀라운 기적이 일어난다.

아이들을 봐도 나와 비슷한 기분을 느끼는 것 같다. 주일 저녁 아이들을 보면 자기들끼리 즐겁게 놀면서 깔깔거리기도 하고, 밖에 나가서는 신나게 뛰며 맘껏 즐기는 모습을 보니 아이들도 주일 저녁 시간을 통해 나름대로 충분한 회복을 하고 있음을 알 수 있다.

또한, 가족이 가진 생명력은 경이롭다는 생각이 든다.
생명력이라는 것이 무엇일까? 살아있는 힘, 더 나아가 죽어 있더라도 다시 일어날 수 있는 힘을 말한다.
사실, 어느 주일 저녁에는 다음날부터 아무것도 하기 싫을 때가 있다. 지난 한 주간을 치열하게 살았는데도 또 다가올 한 주도 치열하게 살아야 할 때, 그럴 때는 정말 내일이 없었으면 좋겠다는 생각이 들 때도 있다. 이런 마음을 안고 주일 저녁 가족이 모여 아무 생각 없이 먹고, 대화를 나누고, 웃고 놀면 다시 내일을 걸어갈 수 있는 힘이 생긴다.

"너무 지친다. 아무것도 하기 싫어."라는 마음을 가득 안고 있더라도, "그래, 나와 함께 하는 가족이 있지. 다시 한 번 일어나 보자."라는 마음이 불현 듯 드는 것은 가족의 힘으로밖에 설명이 되지 않는다.

가족이라는 이름, 날이 갈수록 중요함이 더 느껴지는 가족이 있기에 어려운 시간도 회복과 생명으로 견딜 수 있음에 감사하다.

엄마생각

둘째가 써 준 메모.
맞다.
우리 중 누군가가 기쁘면 함께 기쁘고
누군가가 슬프면 함께 슬픈
그래서 우리는
가족인가보다.

가을

15

소소한 즐거움

어제 오후, 저녁 식사 준비를 위해 급하게 마트에 갔는데 수육용 앞다리살 고기를 싸게 팔고 있었다.

고기 파시는 분께 "수육용이 엄청 싸네요? 지금 행사하는가 봐요?"라고 물으니, 김장철이잖아요. 수육 많이 해먹으니까…"라고 말씀하신다.

그 말을 듣고 날짜를 확인하니 벌써 12월 1일이다.

'벌써 12월이네, 우리도 김장해야 하는데…'

매년 11월 말이 되면 12월 초에 있을 김장으로 절인 배추, 고춧가루, 액젓 등을 주문한다고 정신이 없는데 어찌 이번에는 뭔가 허전하게 지난다 싶었다. 우리는 식사 때 김치가 빠지는 일이 없어 20-30 포기 정도 김장을 하면 일년 동안 그럭저럭 먹는 편이라 겨울에는 꼭 김장을 해야만 하는데 올해는 아직 이러고 있다.

 수육을 해서 애들 저녁으로 주니, 역시나 4학년 둘째가 "엄마, 금방 한 김치는 없어요?" "금방 만든 김치랑 먹으면 더 맛있는데…" 이런다.
 수육과 김장김치의 어울림을 아는 것은 소소한 일상의 큰 행복이다. 이 뿐 아니라 아침에 일어나 향이 좋은 드립커피와 갓 데운 빵을 먹는 것, 늦은 밤 책을 보며 맛있는 군고구마와 묵은 김치를 먹는 것도 일상의 즐거움이다.

 우리 인생의 행복이 저 어디 우주를 정복하거나, 하늘의 별을 따서 생기는 것도 있겠지만, 지나치기 쉬운 삶의 언저리, 일상에서 얻어지는 행복의 맛이 소소한 즐거움을 주고, 이 즐거움이 곧 삶의 영양분이 된다.

 자녀를 양육하면서, 아이들에게 더 좋은 것을 보여주고 싶은 마음, 더 맛있는 것을 먹이고 싶은 마음이 앞서다보면 지금 내가 해줄 수 있는 것을 놓치는 경우가 종종 있음을 깨닫는다. 지금 당장 내가 아이들에게 할 수 없는 것에 마음을 뺏기며 안타까워하기 보다는 할 수 있는 것들에 집중하면서 즐거움을 찾으면 나도 아이도 삶의 만족도가 높아진다.

예전에는 텔레비전에 나오는 연예인들의 육아프로그램들을 보면서 다른 세상에 사는 듯한 그들이 부럽기도 하고, 상대적으로 우리 아이들에게 미안하기도 했다. 그런데 비교하지 않고 작은 것이라도 할 수 있는 것을 실천하니 나도 마음이 편해지고 아이들도 편안해 하면서 즐거워하는 것 같다.

"엄마, 그런데 겨울인데 우리 김장 안해요?"

수육을 한참 먹다 둘째가 김치 담그자 한다.
2022년 식탁 반찬을 위해, 아이들을 위해, 향긋한 굴과 도톰한 수육을 또 먹기 위해 조만간 김장을 해야겠다.
내 인생의 소소한 즐거움을 위해.

엄마생각

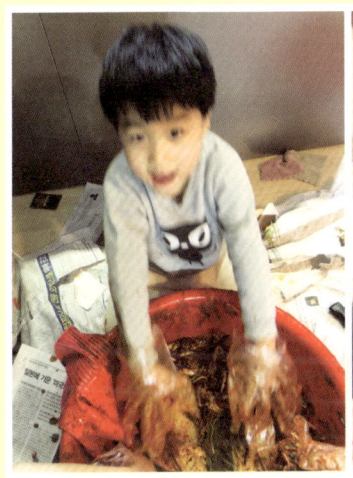 

아이들이 어렸을 때,
함께 김장을 하면 아이들이 김치를 버무리는지,
김치가 아이들을 버무리는지 모를 정도로
정신이 없었다.
그 때는 쉽지 않았는데 시간이 지나서 보면
이 또한 추억이다.

엄마가 그어주는 사랑의 경계

막내가 올해 7살이다. 아이 4명을 양육하면서 가장 놀라운 점은 '잊는다'는 사실이다. 막내를 낳고 모유수유를 시작했을 때, 분명 위의 형제들도 수유를 했는데 기억이 하나도 나지 않았다. 조금 먹다 잠들어서 금방 깨는 것도 생소했고, 먹다가 사래가 들려 콜록콜록 거리는 것도 낯설었다. 형과 누나들이 혼자 샤워를 했을 때도 기특했는데, 막내가 혼자 머리를 감고 나올 때는 마치 아이를 처음 키우는 엄마처럼 놀랍고 대견한 마음이 들었다. 먼저 태어난 형과 누나의 육아 시절을 까맣게 잊으며 막내의 모든 행동이 처음인 것처럼 여겨질 때 느끼는 나의 감정은 '막내가 무조건 예쁘고 귀여운' 사랑스런 마음이다.

어른들이 "막내는 뭘 해도 막내다. 심지어 혼낼 때도 이쁜 게 막내다."고 말할 때 '그런 마음이 형제 간 차별을 조장하는데… 내가 낳은 아이들은 하나같이 다 이쁘지, 누군 덜 이쁘고 또 누구는 더 이쁜게 있을까?' 싶었는데 사랑의 크기는 같을지언정 사랑의 모양과 색깔은 다른 게 분명하다.

막내는 막내다.

최근에 7살 된 막내에게 잊지 못할 일이 생겼다. 날이 조금 풀린 날 아이들과 함께 자전거를 타러 갔는데, 두발 자전거를 타는 형을 유심히 보더니 "엄마, 나 이제 네발 안 타. 두발 자전거 주세요."라고 말하는 것이 아닌가! 두발 자전거를 타고 쌩쌩 달리는 형이 부러웠던 모양이다. 그런데 이제 막 7살이 된 어린 아이에게 단번에 보조 바퀴를 뗀 자저거를 주는 것은 아이에게도 나에게도 위험한 일이어서 쉽게 답을 할 수가 없었다. 내가 고민하는 그 사이, 그 찰나 같은 순간에 막내는 떼를 쓰며 바닥에 털썩 주저앉았다. 몇 차례 더 어르고 달래 보았지만, 두발을 잘 탈 수 있다는 아이의 말에 오히려 설득 당해 그 때부터 맹훈련이 시작되었다.

약 2시간 정도 열심히 넘어지더니 어느 순간 비틀비틀 거리지만 나름대로 중심을 잡고 혼자 두발 자전거를 타기 시작했다. 자기도 놀랐는지 엄청 기뻐하고, 스스로 바람을 가르며 행복한 표정으로 자전거를 타는 아이를 보는 나도 정말 감격스러웠다.

첫째, 둘째가 처음으로 두발 자전거를 탔을 때도 지금처럼 기뻤겠지만, 생각이 전혀 나지 않고 막내의 두발 자전거가 마치 처음인냥 그저 신기하고 놀랍기만 했다.

내가 막내를 조건없이, 무한히 사랑한다는 것을 나머지 아이들이 눈치챘고, 무엇보다 막내가 사랑받는 자신의 위치를 누리기 시작했다. "엄마는 형아, 누나보다 날 더 좋아해."라는 말을 곧잘 하는 막내가 이제 슬슬 그런 나의 마음을 이용하기 시작한 것이다. 무슨 일이 생길 때마다 막내 특유의 애교와 귀여움을 발사하며 무조건 자기 뜻대로 일이 되도록 만든다.

형에게 잘못을 했을 때도 오히려 자기가 피해자인 것 마냥 눈물을 훔치면서 혀 짧은 소리로 "엄마, 형아가 자꾸만 나한테 마음대로 해."라며 자기 잘못은 말하지 않고, 밥을 먹을 때도 "나는 아직 애기니까 조금만 먹을거야."라며 불리할 때 쓰는 막내카드를 마음대로 막 사용한다.

하루 이틀 그런 모습을 지켜보다 더 이상 두면 걷잡을 수 없을 것 같아 경계를 그어주기 시작했다. 운동 경기를 보면 선수들이 마음껏 기량을 펼칠 수 있도록 그라운드에 선이 그어져

100

있다. 축구는 가로 120m, 세로 80m의 축구장에서만 경기를 해야 하고, 야구는 1루와 3루 사이에서 오고 가는 공들만 득점으로 인정된다. 마찬가지로 탁구도 규격의 탁구대에서만 경기가 치러지고 농구, 달리기 등 모든 경기는 정해진 경계 내에서만 자유롭게 경기할 수 있도록 정해 놓았다.

이제 우리 막내에게도 그런 경계가 필요한 시기가 온 것 같다. 지금까지는 막내라는 이름으로 혹은 아직 어리다는 이유로 경기장을 조금 벗어나도 이해해줬지만 이제는 더 자유롭게 놀 수 있도록 확실한 경계를 지어줘야 할 때가 되었다.

물론, 아이는 지금까지는 없던 경계가 생겨 처음에는 받아들이기 힘들어 할 수도 있지만 곧 알게 될 것이다. 엄마가 만든 사랑의 경계가 구속이 아니라 더 행복한 자유를 준다는 것을.

그리고 엄마인 나에게도 사랑의 경계는 아이를 좀 더 객관적으로 양육하고 치우치지 않도록 도와주는 유익한 방법이 될 것이다.

이렇게 하루하루 아이와 나는 함께 자란다.

엄마생각

팝콘이 터지듯 벚꽃 몽우리가 터지면
우리 아이들의 웃음도 환하게 피어난다.
서로 의지하고 힘이 되어 주면서
봄의 꽃처럼 자라길 바란다.

"어마, 나느 왜 마르 모태?"
- 1 -

쉽게 열지 못하는 상자가 있다. 손에 닿는 곳에 있고, 언젠가 한 번은 열어야 하는데 머뭇머뭇 거리며 용기를 내지 못해 마음만 졸이며 만져보지 못하는 상자. 예전에 텔레비전에서 암에 걸린 환자를 인터뷰한 내용을 본 적이 있는데, 그 환자의 말이 참 인상적이었다. 암 진단을 받기 전에 분명 몸에 신호가 있었단다. 평소와 달리 쉽게 지치고, 소화는 계속 안되고… 이런 생활을 꽤 했었는데 병원에 쉽게 갈 수가 없었단다. 예상하고 있던 대로 암이라고 판정받을까봐. 이미 몸은 이상 신호를 보내고 어느 곳에 빨간 불이 켜졌다는 것을 끊임없이 소리치고 있었지만, 막상 그 사실을 확정받는다고 생각하니 두렵고 무서워 병원에 갈 수가 없었단다. 그 이야기를 들으며 100% 같을 수는 없지만, 그 마음이 무엇인지 조금은 알 것 같았다.

우리집 막내는 어렸을 때부터 또래에 비해 머리 하나가 더 있을 정도로 키가 컸다. 키가 클뿐만 아니라 공놀이도 잘하고 친구들과 달리기를 하면 늘 큰 차이를 두고 먼저 들어오곤 했다. 4살 때 간 어린이집 선생님의 말에 의하면 유아체육 시간에는 독보적인 활동량을 보이며 두각을 나타낸다고 한다. 그런데, 큰 키에 비례해 말도 또박또박 하면 좋으련만, 말은 2살 아기와 비슷하게 했다.

막내 은샘이가 5살이 되었을 때이다. 새학기가 되면 어린이집 적응기간이라 일정 시간 부모와 함께 어린이집에 있어야 한다. 그 때 반에서 또래 친구와 은샘이가 노는 것을 가만히 지켜보는데, 어떤 야무져 보이는 여자 아이가 은샘이에게로 가서 무엇이라 말하고는 곧장 선생님에게로 가는 것이 아닌가! 그 여자 아이가 선생님에게 "선생님, 그런데 저 키 큰 오빠(은샘이를 가리키며)는 말을 못해요?"라고 묻는 것이었다.

여자 아이는 또래에 비해 머리 하나가 더 있는 은샘이가 오빠같이 보였고, 그 오빠에게 말을 시켰는데 자기처럼 또박또박 말하지 않자 말을 못하는 것으로 여긴 모양이었다.

사실, 그 때까지만 해도 '남자 아이들은 말하는 것이 늦을 수도 있지.'라며 심각하게 여기지 않았다. 위에 형들, 누나 모두 말하는 것 때문에 어려움을 겪은 아이들이 없기에 심각하게 여기지 않았다.

그후 시간이 지나면서 은샘이는 말을 곧장 하게 되었다. 문장도 또래 아이들과 비슷하게 구사했다. 그런데 문제는 발음이었다. 6살 때까지 2살 아이의 발음처럼 옹알거리듯 말하고, 받침을 제대로 발음하지 못하는 것은 시간이 지나도 나아지지 않았다. 사실, 이쯤 되면 엄마인 나도 심각성을 느끼고 발음치료 센터라도 가봐야 하는데 처음에는 "시간이 지나면 괜찮아지겠지."라는 마음으로, 그 다음에는 바쁘다는 핑계로, 또 그 다음에는 두려워서 섣불리 센터를 갈 용기가 생기지 않았다.

그렇게 시간을 보내다 은샘이가 학교 들어가기 전인 7살, 3월이 되었다. 문장은 어른처럼 사용하지만, 그 문장을 제대로 알아듣는 사람은 엄마인 나밖에 없었다. 그리고 주위에서 점점 "은샘이가 발음이…" "한번 검사라도 해봐야 하는 거 아니야?"라는 말을 전하면서 나는 압박을 받기 시작했다.

어떤 사람이 보면, '아픈 것도 아니고, 아예 말을 못하는 것도 아니고 그냥 가서 발음 검사만 해보는 건데, 그게 뭐가 무서워 안가고 있을까?'라고 생각할 수도 있다. 그런데 몸에 분명히 이상 신호가 왔음에도 병원을 갈 수가 없었던 암환자처럼 나 역시 병원은 가지 못하고 여러 이유로 밤잠을 설치면서까지 고민만 하는 시간이 지속되었다. 물론, 그런 고민 끝에 결국에는 언어 치료사를 찾았고, 내가 무엇을 놓쳤고, 앞으로 어떻게 해야 하는지에 대한 해결 방안을 들었다.

난 이번 일을 겪으며 내 마음에 자리 잡고 있는 실체도 없는 불안을 보았다. 그리고, 이 불안으로 인해 어쩔 수 없이 하나님 앞으로 한 걸음 나아가고, 이 작은 발걸음으로 인해 하나님의 은혜를 느낄 수 있었다.

큰 애가 중학교 2학년이 되고, 막내가 7살이 되자 이제 육아로부터 조금 여유가 생겼나보다라고 여기던 딱 그 순간에, 아이들로 인해 또 꼬꾸라지며 하나님 앞에 엎드리는 나를 본다.

이걸로 보아, 부인하려 해도 부인할 수 없이, 자녀 양육은 하나님으로 향하는 분명한 지름길임을 확인한다.

엄마생각

조금 느린 듯해도 기다려 주겠니

조금 더딘 듯해도 믿어줄 수 있니

네가 가는 그 길 절대 헛되지 않으니 나와 함께 가자

앞이 보이지 않아도 나아가 주겠니

이해되지 않아도 살아내 주겠니

너의 눈물의 기도 잊지 않고 있으니 나의 열심으로 이루리라

_러빔 「하나님의 열심」 중에서

나의 열심이 아닌,

하나님의 열심으로 우리를 이끌어 주시길…

18

"어아, 나느 왜 마르 모태?"
- 2 -

"은샘이 언어 및 발음에 대해 몇 가지 검사를 한 결과, 다른 것은 별 문제가 없는데, 받침 발음이 잘 안 되고 있어요. 그런데 이것도 연습을 하니 나아지고 있어요. 음… 그래서 제가 내린 결론은 아마 은샘이가 어렸을 때 발음 연습할 시기를 놓친 것 같다는 거에요. 후천적으로."

약 1시간 동안 아이와 함께 언어에 관한 검사를 마치고 나온 선생님의 말은 내 마음에 무거운 돌덩이 하나를 얹는 것만 같았다. '후천적이라니… 그 말은 엄마인 내가 제대로 아이와 대화하지 않아서 이런 일이 발생했다는 것이 아닌가!' 물론 "꼭 이런 원인으로 이런 결과가 생겼다."고 단정지어 말할 수는 없겠지만, 아이가 엄마의 입모양을 보고 발음을 배워야 할 시기에 그렇게 하지 못했다는 점은 분명하다. 그리고, 이런 사실은 나를 한 순간에 무너뜨리기에 충분하다.

언어 치료 선생님의 차분한 설명을 들으며, 분명 정신을 바짝 차리고 이성적으로 생각하고 있다고 여겼는데, 나의 의지와는 상관없이 눈물은 계속해서 흐르고 아무것도 모르고 옆에서 놀고 있는 아이에게 그저 미안하다는 죄책감만 파도처럼 밀려왔다.

"무엇이 잘못된 것일까? 아이가 한참 말을 배우기 시작하는 3~5살 때 나는 정말 아이와 대화를 많이 하지 않았나? 일 한다고 아이에게 소홀한 시간이 있었나?"

몇 초 동안 2~3년 전의 일상들을 끄집어낸다고 애를 쓰는 사이 선생님은 "어머니, 그런데 너무 심각한 것도 아니고 몇 개월만 연습하면 될 것 같으니 걱정하지 마세요. 지금부터 시작하면 학교 가서는 잘 할 수 있을 거에요."라며 불안해하는 나를 안심 시킨다.

이렇게 해서 은샘이의 언어 치료는 시작되었다. 선생님과 따로 발음 교정하는 시간을 제외하고 집에서 할 수 있는 것들은 다 해보자는 마음으로 낱말 카드, 놀이로 배우는 발음 등을 준비해서 은샘이와 많은 시간들을 보냈다. 하루 이틀, 한 주 두 주가 지나면서 때로는 좋아지는 발음에 기뻐하기도 하고, 또 때로는 전혀 진척이 없는 것 같아 조바심이 나는 내 모습을 보며 이 시간을 통해 아이를 사랑하는 마음이 새롭게 샘솟고 있음을 발견했다.

드러난 현상들만 봤을 때는 낙담이 되고 마음이 아프며 무엇보다 죄책감에 눌릴 수 있는 상황이지만, 이 상황 속에서 아이와 다시 관계를 회복하며 애틋하고 사랑스런 마음이 생긴다는 것에 그저 놀랍고 감사하다. 그러고 보니, 은샘이의 발음이 나에게 중요한 문제로 여겨진 후, 하나님 앞에 엎드리며 기도하는 시간이 많아졌다. '자녀에게 무슨 일이 생긴다는 것은, 하나님이 기도하라고 부른 신호'라는 말이 있듯, 그 어느 때보다 간절한 마음으로 하나님을 찾았고, 그 어느 순간보다 하나님께 솔직하게 내 마음을 고백한 기간이 바로 은샘이 일이 생기고 나서이다.

결국, 이 일로 나는 하나님과 더 가까워지고 은샘이는 물론 다른 자녀들까지 한 번 더 안아주고, 한 번 더 세심하게 돌보는 계기가 되었다.

나의 모든 상황을 가장 선하게 인도하시는 그 하나님을, 오늘도 난 찬양한다.

110

엄마생각

넷째라고 함부로 툭툭 차지 마라

너는

누구에게 한번이라도 이토록 귀여운 사람이었느냐

_안도현 시인의 「너에게 묻는다」를 각색해서

시행착오

　중학교 2학년인 첫째를 양육하면서 자주 되뇌는 단어 중 하나가 '시행착오'이다.
　"나는 이 아이가 첫째이기에 시행착오를 겪고 있는 중이다."
　"한번도 경험하지 못한 상황을 마주하니 나 역시 시행착오를 겪고 있다."

　어떤 날은 시행착오를 겪어도 노련하게 피해가고 싶은데 잘 안된다. 5살 어린아이가 달리기를 하면 꼭 한 번은 돌덩이에 걸려 넘어지듯 나 역시 마음을 단단히 먹다가도 한순간에 걸려 넘어지며, 그 자리에 일어나지 못하는 내 모습을 발견한다.

첫째가 1학기 기말 성적표를 뭉그적거리며 내놓지 않고 있는 걸 보고 참다 참다, 등굣길에 차 안에서 "지금 당장 성적표를 내 놓지 않으면 학교 앞에서 차를 세우고 너와 몇 십 분을 있어야 할거야."란 나의 윽박에 궁시렁 거리며 성적표를 내놓는데, 점수를 보는 순간 아이가 미룬 이유를 알 것 같았다. 시험을 친 후 본인이 가채점해서 나에게 말한 것과 실제 성적이 차이가 났기 때문이다. 나는 차 안에서 슬쩍 점수를 훑어본 후, 정말 너무 많은 말들이 하고 싶었지만 다 참고 딱 한마디만 했다(물론, 이 말도 하지 않았어야 했나 싶지만).

"은성아, 앞으로는 실제 성적표가 나오기까지 아무말 안하고 기다리는 것이 필요할 것 같다."

그런데, 아이는 이미 본인이 생각한 점수보다 잘 안나왔기에 짜증과 화가 난 상태였는데 엄마가 한 마디 더 보태니 이 때다 싶어 모든 탓을 나에게 돌리기 시작했다.
"엄마는 내 성적에 관심도 없었으면서…"부터 시작해 마지막에는 "엄마가 도와준 것도 없으면서…"로 끝이 났다.

아주 짧은 시간에 이 아이의 말을 어떻게 할까, 고민하다 나도 마음이 상해 같이 받아쳐줬다. "엄마가 너에게 도와준 것이 없다고!"라고 말한 후 차를 세우고, 차 문 잠금을 해제 시켰다.

"차에서 내려서 걸어가!"

아이는 순간, 내 얼굴을 한번 보더니 곧장 차에서 내렸고, 나는 뒤도 돌아보지 않고 쌩하고 달렸다. 상황이 이렇게 되자, 뒤에 타고 있던 애들이 아우성을 친다. "엄마, 오빠 다시 태우러 가요. 여기서 학교까지 가려면 얼마나 먼데…" "엄마, 형 불쌍해요 다시 가요."

2분 정도 가다 다시 돌아서 첫째 앞에 차를 세웠는데, 어쭈, 이 아이의 반응이 예사롭지가 않다. "안 타요. 그냥 가요." 나도 내 마음을 추스르고, 나름의 용서를 하고자 차를 돌렸는데, 그냥 가란다. 더 이상의 자비는 없다고 생각해 이젠 진짜 앞만 보고 달렸다. 나머지 아이들의 학교까지 가면서 머릿속에 수많은 경우와 어쩔 수 없는 변명들이 뒤섞였지만 상황을 바꿀 수는 없었다. 내가 참을성이 부족해 소중한 아침에 물을 일부러 엎질렀는지, 아니면 한번은 엎지러질 물이었는지 알 수 없지만 결국 내 앞에 물은 흥건히 흘렀고, 이 물 또한 내가 닦아야 한다.

아이들을 학교 앞에 세워주고, 왔던 길을 다시 되돌아 가면서 은성이가 걸어서 학교에 잘 가고 있는지 밖을 계속 쳐다봤다. 잠시 후 학교 정문에서 얼마 떨어지지 않는 거리에서 터벅터벅 걸어오고 있는 아이를 발견했다. 오르막 내리막길을 한 20분 넘게 걸었을 것이다. 그다지 긴 거리는 아니지만, 등굣길에 엄마와 갈등을 일으킨 후 걷는 그 길의 발걸음은 무거웠을 것이다. 혼자 걸으며 아이는 무슨 생각을 했는지 알 수 없지만 한 가지 분명한 건, 나의 생각은 복잡하고, 첫째를 키우며 겪는 수많은 시행착오가 나의 부족함과 합해져 걷잡을 수 없이 많아짐이 두렵다는 사실이다.

주차장에 차를 세우고 집으로 올라가며 생각을 정돈하기 위해 천천히 발걸음을 내딛었다. 나의 연약함과 모자람을 깨달으며 한 걸음, 그런 모자람이 죄의식으로 자리잡지 않게 밀어내면서 또 한 걸음, 오후에 만나서 대화할 아이를 생각하며 또 한 걸음을 내딛으며 단정하지 못한 생각들을 하나로 모이게 했다.

오늘 하루는 생각할 시간이 꽤 길어질 것 같고, 여전히 육아가 쉽지 않다는 것을 다시 한 번 느낀다.

엄마생각

나의 서툴렀던 30대의 열매, 지은성

깊고 고요한 밤, 아기의 작은 뒤척임에도 잠을 깨 아기가 잘 자는 것을 확인한 후 다시 잠들어야 했던 초보 엄마 시절. 이 작은 생명으로 인해 내 삶 전체가 바뀔 수 있다는 것을 처음 알려 준 나의 첫째 아이 은성이가 오늘 초등학교 졸업을 한다.

첫째는 나에게 뭐든지 '처음'을 선물했다.
아이가 처음으로 혼자 자전거를 탔을 때는 감격했으며, 처음으로 책을 읽을 때는 행복했으며, 처음으로 학교에 들어갔을 때는 든든했다. 또한, 처음으로 아픈 아이를 등에 업고 응급실로 갈 때는 세상이 온통 어두웠고, 처음으로 나에게 "엄마는 나에게 해 준 것도 없고" 라고 할 때는 마음이 무너지기도 했다.

그리고 첫째는 어렸을 때부터 나의 동역자였다.
마트에 갈 때는 꼭 나의 짐을 하나 들어줬으며, 동생들이 힘들다고 하면 나 대신 어린 동생들을 업어 주기도 했고, 잠시 집을 비울 일이 있으면 동생들을 책임지는 일도 큰 아이 몫이었다. 내가 웃고 있으면 같이 웃고, 내가 울면 "엄마, 내가 커피 사줄까?" 라는 말을 건네며 위로할 줄 아는 친구같은 아이이다.

그 아이가 오늘 또 내게 '처음'을 선물한다. 첫 초등학교 졸업.

초등학교 졸업은 엄마의 품을 벗어나 자신만의 세상을 내딛는 첫 걸음이기에 오늘이 더욱 감격스럽다. 그리고 아울러, 나의 30대를 오롯이 바치며 얻은 아이의 자람이라는 열매에 나는 이제 또 어떤 씨앗을 뿌려야 하나 생각해본다.

"엄마, 나는 치킨 먹으면서 만화책 보는게 제일 행복해" 라는 우리 첫째 은성이.
"초등학교 졸업 축하하고, 너가 엄마의 첫 아이라서 엄마는 너무 행복하고 고마워. ...이제... 중학생이니 치킨도 한 마리만 먹고 만화책도 좀 적당히..... 글 많은 책 좀 보고 어, 어, 좀... 좀... 사람답게... 그렇게.... 살자"

2021.02.19

첫째가 중학교에 입학할 무렵 쓴 글

20
가을을 맞이하며

 7월에 눈을 감았는데 눈을 떠보니 9월 1일이 되어 있는 것 같이, 한바탕 심한 몸살을 앓은 것처럼, 더운 계절의 촉감을 느끼지 못한 채 2022년 여름을 보냈다. 자의 반, 타의 반으로 바쁜 여름을 보내며 8월 마지막 주 휴가 때 많은 생각을 했다. 늘 내게 하는 질문이지만, 언제나 그렇듯 답은 찾지 못한 채 마주하게 되는 말들 "어떻게 살 것인가?" "이대로 살아도 괜찮은가?" 이번 휴가 기간에는 머릿속으로 이 두 문장을 끌어안으며 내일에 대해 고민하며 생각을 정리했다.

 하버드대 정신의학과 로버트 월딩거(Robert Waldinger) 교수가 1983년부터 75년 간 하버드 졸업생 남성 724명의 건강, 가정, 직업, 생활, 인생사에 대해 추적 연구를 했다. '하버트 그랜트 연구'라고 이름 붙여진 이 연구는 이들이 대학을 졸업하고 취직하며 중년을 지나 노년에 이르기까지의 행복한 삶의 요소가 무엇인지 알아냈다. 하버드 졸업생들이 인생에서 행복하다고 느끼는 요인은 무엇일까? 물론, '물질' '성공' 등도 그 순위에 있었지만 가장 앞에 있었던 것은 바로 '인간관계' 그것도 '질 높은 인간관계'였다. 형제, 자매, 이웃, 친구들과 건강한 인간관계를 맺어 온 사람들이 노년에도 행복한 삶을 살고 있다는 것이다.

하버드 그랜트 연구를 읽으며 지난 여름의 나의 모습을 되돌아보니, 내가 추구하는 것과 실제로 내가 살고 있는 것의 괴리감이 커서 어쩌면 30년 후 나는 행복하지 못한 인생을 살고 있겠구나, 라는 생각이 스쳐 지나갔다. 그러면서 관계가 무엇인지, 행복한 인생이 요구하는 건강한 인간관계가 무엇인지, 건강한 인간관계를 위해 나부터 건강해져야 하는데 그렇게 하려면 무엇이 선행되어야 하는지 생각해보았다. 그리고 모든 인간관계보다 가장 우선되는 것, 바로 우리 아이들과의 관계를 어떻게 정립해 나갈 것인지가 또 다른 숙제로 떠올랐다.

중학교 2학년, 초등학교 5학년, 3학년, 7살의 네 아이를 바쁘다는 핑계로 한 발짝 떨어져보고 있다가 여름 휴가 기간에 24시간 일주일 내내 붙어 있으면서 나의 손길이 필요한 부분을 많이 발견했다. 아직까지 엄마의 손이 필요한 아이, 엄마의 마음이 필요한 아이, 엄마의 공감이 필요한 아이 그리고 엄마의 무관심이 필요한 아이까지. 사랑이라는 이름 속에 녹여 있는 수많은 필요들이 엄마를 통해 채워져야 한다.

정호승 시인의 「봄길」이라는 시가 있다.

길이 끝나는 곳에서도
길이 있다
길이 끝나는 곳에서도
길이 되는 사람이 있다
스스로 봄길이 되어
끝없이 걸어가는 사람이 있다
강물은 흐르다가 멈추고
새들은 날아가 돌아오지 않고
하늘과 땅 사이의 모든 꽃잎은 흩어져도
보라
사랑이 끝난 곳에서도
사랑으로 남아 있는 사람이 있다

<u>스스로 사랑이 되어</u>
한없이 봄길을 걸어가는 사람이 있다

  이 시 마지막 부분 '사랑이 끝난 곳에서도 사랑으로 남아 있는 사람이 있다. 스스로 사랑이 되어 한없이 봄길을 걸어가는 사람이 있다'를 아이들이 어렸을 때 마음에 새긴 적이 있다. 내가 먼저 사랑이 되어 따뜻하고 밝은 봄길을 만들어가고, 우리 아이들이 사랑의 꽃길로 그 뒤를 따라오게 해야겠다고. 어느새 훌쩍 자란 아이와 나와의 관계를 보며 내가 정말 그 봄길을 만들어가고 있는지 되물었다. 환경이 힘들다고, 시간이 없다고, 지친다고 아이들을 홀로 저 멀리 아스팔트 위에 내버려둔 채 스스로 그 길을 걷게 하고 있지는 않은지 반성했다. 돌아오는 가을에는 길이 끝나는 자리에 따뜻한 봄길을 내는 '엄마'로 천천히 천천히, 한걸음 한걸음 내딛어야겠다고 <u>스스로</u>를 일깨워본다.

길이 끝나는 곳에서도
길이 있다
길이 끝나는 곳에서도
길이 되는 사람이 있다
스스로 봄길이 되어
끝없이 걸어가는 사람이 있다
강물은 흐르다가 멈추고
새들은 날아가 돌아오지 않고
하늘과 땅 사이의 모든 꽃잎은 흩어져도
보라
사랑이 끝난 곳에서도
사랑으로 남아 있는 사람이 있다
스스로 사랑이 되어
한없이 봄길을 걸어가는 사람이 있다

_정호승 「봄길」

이 시처럼, 나도, 우리 아이들도,
한없이
봄길을 걸었으면 좋겠다.

21

"엄마, 실수해도 괜찮아. 다시 하면 돼"

눈을 떴는데 오랜만에 싸한 기분이 온 몸을 통해 느껴졌다. 오전까지 마무리해야 할 일이 있어 새벽까지 하다 해가 뜨는 것을 보고, 잠시만 쉬려고 이불에 들어간 기억만 있는데… 아이들이 학교를 가야 해서 절대 잠들면 안된다고 분명히 이불을 덮었지만 누운 기억은 없는데 눈을 뜨니 이미 몸이 본능적으로 반응하는 것 같았다.

"늦었다."고. "얼른 아이들을 깨우라."고.

시계를 보니, 7시 50분. 평소 중학생인 첫째를 비롯한 아이 4명이 등교를 위해 집을 나서는 시각은 7시 55분. 5분 뒤에 나가야 하는데 이제 눈을 뜬 것이다.

상황을 파악한 후, 숨을 크게 한 번 쉬고 큰 소리로 4명의 아이들을 동시에 부르면서 손은 한 명, 한 명 만지기 시작했다.

"얘들아, 늦었어. 늦었어. 7시 50분이야!"

정신을 차린 아이들 중 중학생과 초등 고학년인 첫째 둘째는 시간을 확인하고는 짜증이 섞인 목소리로 늦잠을 잔 엄마를 원망하기 시작했다.
"엄마, 지금 깨우면 어떡해. 늦었잖아."부터 시작해서 "늦었으니 학교 안 갈거야. 다 엄마 때문이야. 학교 안 가!"까지 순식간에 집이 엉망이 되어버렸다.
나도 입으로는 "미안해, 엄마가 새벽에 깜빡한 게 그만… 미안해. 그리고 빨리 준비하면 늦지 않아. 얼른 씻자."고 하면서 몸은 거실과 방을 오가며 아이들 가방, 준비물 등을 챙겨주고 있었다. 형과 누나가 거의 울다시피하며 준비하고 있을 무렵 막내도 일어나 주섬주섬 자신의 옷을 입기 시작했고, 평소에도 아이들 중 가장 늦게 일어나는 셋째는 이 난리 속에서도 잠을 이기지 못해 이불 속에 있었다.

첫째와 둘째는 등교 준비를 하면서도 계속 투덜거렸고, 그들의 원망을 다 듣고 있던 나는 끝없이 몰려오는 부정적인 감정들로 힘든 상태였다. 그런데 그 때, 이불 속에 있던 셋째가 빛의 속도로 나에게 달려오더니 나의 눈을 보고 손을 잡으며 "김희정 엄마, 실수해도 괜찮아. 다시 하면 돼. 걱정하지마. 누구나 그럴 수 있어."라며 장난스럽지만 꽤 따뜻한 말을 전하는 것이 아닌가! 순간, 거북이 등껍질처럼 딱딱한 나의 마음에 균열이 가기 시작했다. "엄마, 실수해도 괜찮아!"라는 이 한 문장이 뭐라고, 평소에도 아이들에게 이 말을 자주하고 또 나 스스로도 나에게 위로할 때 잘하는 말인데, 이 말이 뭐 특별하다고. 조금도 새로울 것이 없는 이 말이 그 날, 그 아침에는 1000도가 넘는 뜨거운 온도로 내 마음을 녹였다.

　셋째의 매직이 통한 것일까! 그 때부터 5분 만에 모든 것이 이뤄졌다. 나는 다시 마음을 가다듬고 아이들의 불안하고 상한 마음을 달래줬고, 아이들도 더 이상 원망하지 않고 자기들이 해야 할 것들을 신속하게 끝내 네 명 다 지각하기 전, 아슬아슬하게 교문을 통과했다.

　살다보면 그럴 때가 있다. 머릿속에 맴돌던 문장이 실제가 되는 순간.
　"괜찮다"는 한 문장이 가진 사랑의 힘을 확인하던 그 날 아침, 괜찮음이 실제가 되어 나의 마음과 행동을 사로잡았을 때 나뿐만 아니라 아이들과 환경이 단번에 변함을 경험했다.

아마, 우리 아이들에게도 사랑의 문장이 필요한 때가 분명 있을 것이다. 그날이 오늘 아침이었을 수도 있고, 내일 저녁일수도 있고, 혹은 매일 매순간일수도 있다.

그 시간이 언제 갑자기 찾아올지 모르기에, 지금부터는 내 입술의 부정적인 말을 버리고, 사랑의 말, 위로의 말, 공감하는 말만 나올 수 있도록 애써야겠다. 그래서 필요한 순간에 "괜찮아. 누구나 실수할 수 있어. 다시 하면 돼."라는 따뜻한 말을 건넬 수 있어야겠다. 내가 받은 그 울림처럼.

엄마생각

"괜찮아"
가끔 실수하면 저 높은 하늘을 한 번 쳐다보면 되지.
"괜찮아"
가끔 넘어지면 저 높은 하늘을 보며 다시 일어서면 되지.
"괜찮아"
가끔 눈물이 나면 저 높은 하늘을 보며
크게 울고 다시 웃으면 되지.

그런즉 누구든지 그리스도 안에 있으면 새로운 피조물이라

이전 것은 지나갔으니 보라 새 것이 되었도다

_고린도후서 5:17

겨울

22

변화

"은율아, 오늘이 며칠인지 알지? 11월 10일이야. 은율이가 3학년이 되었다고 좋아했던 게 엊그제 같은데 벌써 3학년이 다 지나가고 있어."
"엄마, 맞아. 이제 한 달만 있으면 내 생일이야!"
"은율이 생일은 한 해의 마지막 달인 12월이지. 그래, 은율아, 그런데 엄마가 질문 하나만 할게. 너는 지난 1년 동안 너 스스로 느끼기에 달라지거나 변한 게 있는 것 같아?"

아이들과 저녁식사를 하며 훌쩍 지난 1년에 대해 이야기를 하다 '변화'와 관련된 말들이 나왔다. 나는 아이들에게 1년 동

안 변화한 부분이 있는 지 물었고(삶의 전 영역에서), 아이들은 각자 '키가 자란 점' '두 자리 수 덧셈을 하게 된 점' '묵상을 매일 하게 된 점' 등을 꼽으며 자신의 변화를 자랑했다.

아이들이 1년을 돌아보며 변화된 것들을 이야기하는 게 즐겁고 자랑스럽기도 하지만 한편으로는 자녀를 양육하면서 아이들에게 무의식적으로 '변화'를 강요하지는 않았나 생각했다.
시간이 지나면서 나의 아이는 좀 더 의젓해야 하고, 이전보다 아빠 엄마의 말을 더 잘 들어야하며, 묵상하는 횟수도 늘어나는 변화가 당연하듯 여겼다. 내가 자녀를 믿음 안에서 잘 양육하기 위해 성경암송도 시키고, 큐티도 독려하고, 찬양도 부르게 하는데, 자녀는 점점 교회 가기 싫어하고 삶의 변화가 없다면 절망스럽지 않을까! 그런데 곰곰이 생각해보면, 내가 원하는 결과가 나타나지 않는다고 해서 아이에게 변화가 없는 것은 아니다. 우리 눈에는 보이지 않지만 보이지 않는 곳에서 변화가 태동하고 있을 수도 있기 때문이다.

한 해를 마무리하는 11월, 12월이 되면 내가 1년 동안 아이들을 잘 양육했나, 점검하면서 아이들의 변화를 살펴보게 된다. 이 때, 나의 기대보다 아이들의 변화가 더딘 것 같으면 실망할 수도 있기에 나를 포함한 부모들은 '기다림의 안목'이 필요하다. 내가 자녀들에게 사랑의 씨앗을 뿌리면 비가 오고 바람이 불며 때로는 햇빛도 느끼면서 일정한 시간이 흐른 후 때에 맞게 열매가 맺어질 것이기 때문이다.

아이들의 변화를 생각하며, 나의 변화를 돌아본다. 나는 4명의 아이를 키우는 15년 동안 어떻게 성숙해 왔을까? 짜증내는 아이들을 돌보며 인내하는 마음은 키웠는지, 변덕이 심한 아이들을 보며 중심을 굳게 잡는 법은 배웠는지, 눈앞에 어려운 일이 생기면 불평하는 아이들을 보며, 말하지 않고 순종하며 감사하는 법은 익혔는지… 지난 15년 동안 성장한 엄마로 변화했는지 자문하니, 바로 "응, 그렇지"란 답이 나오지 않았다. 여러 시행착오를 겪으며 지금도 아이들과 씨름하며 꾸역꾸역 이 시간들을 보내고 있는 내 모습을 잘 알기 때문이다. 그러면서 동시에 변화에 대한 이런 생각도 해본다.

'아이들이 처음 세상에 나왔을 때, 아무 조건 없이 아이들을 사랑했던 그 마음이 지금은 어떠한가? 혹시, 그 사랑이 변하지는 않았는가?'

아이들에게는 뭐든 더 나은 방향으로 변화되기를 요구하면서 정작, 내가 원래 가졌던 아이들을 향한 사랑은 퇴색하는 쪽

으로 변화하지는 않았는지 돌아봤다.

  아이들을 열 달 동안 품으며 가졌던 그 마음, 태어났을 때 들었던 무한한 사랑, 아이가 아장 아장 걷기 시작할 때 가졌던 수많은 사랑의 다짐들이 지금은 퇴색돼버린 것은 아닌지, 그래서 나도 모르게 내 안에 육아에 대한 부정적인 변화가 일어난 것은 아닌지 말이다.

  "엄마, 그런데 말이야. 내 생각에는 그냥 이대로 계속 행복하게 우리 가족들이랑 잘 지내는 게 제일 좋은 거 같아. 내가 뭐 잘 변해도 좋지만…"

  변화에 대해 이야기를 하다, 초등학교 3학년인 셋째가 변화라는 어려운 것보다는 그냥 우리 가족이 앞으로도 계속 행복하게 잘 살았으면 좋겠다고 이야기를 마무리한다. 듣고 보니 맞는 말이다. 우리가 추구하는 변화의 목적은 결국 사랑이기에, 서로 사랑하는 마음을 갖고, 그 사랑으로 행복하게 사는 것이 우리가 할 수 있는 최선의 변화이다. 지금 당장 어떤 변화를 목적으로 무언가를 하기 보다는 그저 아이들과 사랑하며 지내는 것. 이 사랑이 엄마가 줄 수 있는 최고의 변화이다.

엄마생각

서로 사랑하고,
그 사랑으로 행복하게 사는 것이
내가 할 수 있는 최선의 변화이다.

(23)

공동체 속에서
자라는 아이들

"엄마, 나 이번 겨울 방학에는 하솜이, 지우 집에서 돌아가며 놀거에요. 걔네들이 우리집에도 올거고. 방학 내내 친구들과 그렇게 놀거에요."

"엄마, 엄마, 나도 영서 형아 집에 갈거야. 교회에서 캠프 끝난 다음에 형아 집에 가서 자기로 했단 말이에요. 알겠죠?"

아이들이 친구집에서 놀겠다는 말을 자주하는 것 보니 방학이 오긴 왔나 보다. 학기 중에 자주 가지 못했던 친구 집을 방학 때는 허용해주니, 방학이 되자마자 친구들과 함께 이미 다 계획을 세운 모양이다. 사실, 내가 어렸을 때만 해도 학교를 마친

후나 방학 때, 엄마에게 가장 많이 들었던 말이 바로 "나가서 놀아라."였다. 집 대문을 열고 나가면 항상 친구들이 골목길에서 놀고 있어서, 함께 술래잡기도 하고, 고무줄놀이도 하면서 시간가는 줄 모르고 놀았다. 엄마에게 용돈이라도 받은 날에는 과자를 잔뜩 사서 골목 평상에 앉아 친구들과 하하호호 거리면서 해가 늬엿늬엿 질 때까지 먹었던 기억이 난다.

그런데, 요즘에는 우리 아이들에게 "나가서 놀아라."고 하면 당장 "나가서, 어디서 놀아요?"라는 말이 돌아올 것이다. 아이들끼리 나가서 놀 장소가 없다. 아파트에 사는 아이들은 아파트 놀이터에서 놀 수 있지만, 미끄럼틀 시소 등 놀이 기구가 한정돼 있어 마음껏 창의적으로 놀아야 하는 초등 고학년들은 시시해 하기도 한다(물론, 초등 고학년들은 학원 다니느라 아파트 놀이터에서 잘 볼 수도 없지요). 요즘에는 골목문화가 없어져서 주택에 사는 아이들도 문밖에 잘 나오지 않는다. 상황이 이렇다 보니 "나가서 놀아라."는 옛말이 되어 버리고 말았다. 나는 '한 아이를 키우기 위해서는 한 마을 전체가 필요하다'는 아프리카 격언을 자주 생각한다. 물론 기본적으로 가정에서 아이를 잘 양육하는 것은 중요하지만, 그것만으로 완전하지 않다. 아이가 사회적, 인격적으로 잘 자라기 위해서는 공동체 속에서 어울리며 다양한 것들을 배우는 과정이 꼭 필요하다.

골목문화가 사라지고 가족 안에서 형제의 수가 적어지면서 아이들이 '함께 어울리며 자연스럽게 인간관계'를 배울만한 기회가 줄어들었다. 다양한 이유로 학교는 이미 그 기능을 점점 상실해가고, 또래 집단에서 관계를 형성하고, 갈등을 해결하는 방법을 익힐만한 곳을 찾는 것이 점점 어렵게 되었다. 이럴 때, 눈을 들어 교회 공동체를 보면 지금 세상에서 결핍된 것을 채워주고 있음을 알 수 있다.

우리 아이들이 방학 때만 되면 친구들과 계획을 세워 돌아가면서 놀고, 자고, 함께 하는 것. 교회 주일학교 마다 각종 프로그램을 만들어 아이들을 교회로 오게 하고, 교회에서 친구들과 어울리며 다양한 활동을 통해 공동체를 경험하게 하는 것, 그래서 세상이 줄 수 없는 공동체를 만들어 가는 것이 바로 지금 교회가 할 수 있는 일이고, 해야만 하는 일이다.

용납, 수용, 사랑의 공동체 속에서 마음껏 자랄 수 있도록 교회가 문을 열고 준비하길 바란다. 그래서 교회에서 아이들의 웃음소리가 사라져가는 이 때, 세상이 줄 수 없는 소중한 가치가 다음세대에게 흘러가기를 소망한다.

엄마생각

너의 삶을 누군가와 나누고
비교하기보다는 너 자신을 가꾸며
외로운 사람을 품에 안을 수 있는
사랑의 사람으로 자라길…
(한웅재 목사님의 노래를 생각하며)

은율이는 엄마에게
추운 겨울, 따뜻한 손장갑 같은 존재야~
_겨울에 태어난 은율이 생일에

㉔

"그래서,
엄마가 도와줄게!"

세 명의 남자 아이와 한 명의 여자 아이를 키우고 있는 나는 둘째인 여자 아이가 사춘기에 접어들면서 지금까지와는 다른 육아의 한 파트가 시작되었다. 중3인 첫째 남자 아이는 사춘기라고 할 것도 없이 약간씩 혼란을 겪더라도 곧 제자리로 돌아오면서 어린이에서 청소년으로 통과하고 있는 반면, 초6인 둘째 여자 아이는 '혼란+예민+감정의 기복+꾀리' 등 질풍노도의 시간들을 지나고 있다. 첫째가 중학교에 입학하고 급격하게 짜증이 늘어날 때, 이런 말들을 자주 했었다.

"은성아, 사춘기는 생각의 변화, 가치관의 정립 등을 하는 시기이지 무작정 엄마한테 짜증내는 시기가 아니야. 물론 호르몬의 변화로 그럴 수 있지만, 무례함이 사춘기의 표현방식은 아니라는 것을 잘 기억해."

첫째에게 이렇게 이야기를 하면 확실히 인정하지는 않더라도 가만히 앉아 듣는 척이라도 했는데, 최근에 둘째에게 비슷한 이야기를 하니 반응이 완전 다르다.

"아, 몰라. 그냥 짜증이 난단 말이야. 몰라."

감정이 자기 마음대로 안 되는 둘째 마음도 이해가 가지만 무엇보다 자녀의 이런 반응을 처음 겪는 나 또한 당황스럽고 어찌할 바를 알지 못하는 것은 마찬가지다.

안되겠다 싶어, 아이들이 어렸을 때 한참 읽었던 '감정'에 관한 책들을 다시 꺼내들었다. 덧붙여 이제는 감정을 담당하는 뇌에 대해서도 공부해야겠다 싶어 뇌과학에 관련된 책들도 구매해서 읽었다. 여러 책을 훑어보는데, 공감이 되고 설득력이 있는 구절을 발견했다.

"청소년기에는 편도체가 활발하게 작동하면서 온갖 부정적 정서와 충동성을 유발하는 데 반해 전전두피질은 아직 미성숙해서 제대로

기능하지 않는다. 이러한 간극이 가장 크게 벌어지는 것이 중학교 2학년 때쯤이다. 전전두피질은 기능을 제대로 발휘하지 못하는데 편도체만 날뛰는 이 시기의 아이들은 술을 마시지 않더라도 감정적으로는 만취 상태에 빠진 것이나 다름없는 상태라고 할 수 있다."
「내면소통」의 일부 _김주환

 우리 아이가 겪고 있는 감정의 변화들을 조금이나마 이해하는 데 도움이 되는 단락이었다. 뇌속에 편도체가 강하게 활성화되고 있어 감정은 폭발하는데 깊은 사고, 절제할 수 있는 능력, 판단할 수 있는 분별력은 아직 없기에 본인 스스로 어떻게 할 수 없는 시기가 바로 지금이라는 것이다. 평소에 아이를 많이 이해한다고 생각했는데, 한발 떨어져서 타인이 진단하는 나의 아이의 객관적인 모습을 보니 엄마인 내가 무엇을 해야하는지 깨달아졌다.

 "그래서, 엄마가 도와줄게!"

 아이가 어릴 때는 이 말을 많이 했었는데, 초등학교 고학년이 되면서부터 뭐든 스스로 한다는 아이를 대견하게 바라볼 뿐, 도와준다는 말을 한 기억이 거의 없다. 그래서 이제부터라도 이 말을 자주 해주려고 한다.

"엄마가 도와줄게!"

아이를 키우면서 나무에 마디가 생기듯 짙은 흔적이 남겨지는 시기가 있는 듯하다. 처음에는 잘 몰랐지만, 요즘에는 조금 알 것 같다. 이 때가 바로 하나님이 나를 부르시는 순간이라는 것을. 그래서 하나님을 향해서는 무릎을 꿇고 하나님의 지혜를 구하고, 아이에게는 내가 할 수 있는 최선의 노력을 해보려고 한다. "그래서, 엄마가 도와줄게!"라는 이 마음을 계속 품고 말이다.

엄마생각

아이의 웃는 모습만 봐도
우주가 내 안에 들어온 것 같은데
더 바랄게 있을까?
이걸로도 충분하다.

"엄마가 기도 부탁할게, 꼭 같이 기도해줘"

"환자분이 조금만 늦게 왔어도 실명되었을 상태였어요. 다행히 응급 상황 이전에 와서 수술을 잘 마쳤기에 악화되지 않았으니 이물질이 있는 것처럼 느껴지거나, 흐려 보이는 것은 감안하셔야 합니다. 실명될 것을 고쳤다니까요."

3개월 전, 남편은 왼쪽 눈이 불편하다고 했다. 눈에 뭔가 있는 것 같은데 비벼도 없어지지 않고, 눈 안을 세척해도 그대로여서 일상생활에 차질이 있는 것 같다며 한 동안 거울을 보고 눈을 계속 살폈다. 나는 우리가 늘 잠이 부족하고, 책, 핸드폰 등을 가까이 하며 눈을 혹사시키는 생활을 하기에 "그냥 피곤

해서 그럴 거에요."라며 대수롭지 않게 여겼다. 몇 개월이 지나도 증상이 나아지지 않자 남편은 안과를 찾았고, 의사로부터 "망막이 찢어져서 혈흔이 눈 안에 돌아다니고 있으니 얼른 레이저 수술을 해야 한다."는 소견을 들었다. 남편과 나는 약간 두렵기도 했지만, 레이저 수술을 통해 찢어진 부분을 봉합하면 괜찮을 것이란 생각에 수술을 마쳤고, 회복을 기다리고 있었다.

그런데, 수술을 한 후에는 또 다른 증상들이 기다리고 있었다. 남편의 말에 의하면 눈 안에 검은 별들이 수천개가 떠있으며, 그 사이 사이로 보이는 사물은 너무 흐려서 눈이 기능을 제대로 못하는 것 같다고 설명했다. 수술 후 한 달 동안은 회복되는 과정이라 생각하고 좋아지기를 기대했는데, 증상은 나아지지 않았다. 매일 책과 컴퓨터를 보며 눈을 써야 하는 남편은 눈이 좋아지지 않자 일상의 여러 부분에 영향을 받기 시작했다. 그렇게 한 달, 두 달, 석 달이 지나도록 호전이 없자, 남편과 나는 다시 병원을 찾았다.

그리고 진료 후 의사로부터 들었던 것이 바로 "실명될 위기를 벗어났으니 혼탁 현상을 참고 살아야 한다."는 말이었다. 거기다 의사는 덧붙여서 수술한 눈의 상태가 많이 좋지 않으니 잘 관리하고 더 나빠지지 않도록 해야 한다며 지금 상태가 가장 최선임을 거듭 강조했다.

하루아침에 건강을 잃는다는 것이 바로 이럴 때 쓰는 말일까? 물론 교통사고, 암, 뇌의 질병 등 생사를 넘나드는 병에 걸린 것은 아니지만, 어제까지 아무렇지도 않았던 눈이 오늘 갑자기 제 기능을 제대로 못하고 이제 앞으로 사물이 '뿌옇고 원근감이 느껴지는' 채로 살아야 한다니 나도 고통스러웠지만 실제로 자신의 눈의 악화를 경험하고 있는 남편은 더 힘들어했다.

병원에서 나온 뒤 우리 둘은 별 말이 없었다. 남편의 현재 눈 상태를 인정해야 하고, 더 악화되지 않도록 노력해야 하는데 그 방법은 잘 모르겠고… 그렇게 말을 잃은 채 집으로 돌아와 나는 생각을 비우고 하나님께 묻고, 또 물었다. 한참을 기도하다 내가 생각하지도 못한 어떤 생각이 떠올랐다.

"기도 부탁을 해야겠다. 우리 아이들에게."

그리고 저녁에 아이들을 모아서 오늘 아빠가 병원에서 진료 본 결과와 우리의 기도가 필요함을 상세하게 설명했다.
"알았어요 엄마, 기도할게요." 중3인 아들이 이야기를 다 듣고 먼저 기도하겠다고 이야기하자, 동생들도 마찬가지로 "엄마 하루에 3번씩 기도할게요." "하나님이 기도를 듣고 아빠 눈 나아지게 해줬으면 좋겠어요." 등 함께 기도하겠다고 입을 모

았다.

  첫째가 16살, 막내가 8살이 될 때까지 아이들을 다 불러 모아서 진지하게 기도를 부탁한 것은 이번이 처음이었다. 아이들에게까지 뭔가 큰 걱정을 안기는 것 같아 가족과 관련된 크고 작은 일을 알리지 않았는데, 이번에는 아이들과 함께 기도해야겠다는 생각이 강하게 들었다. 그리고, 우리는 아빠를 놓고 이 날부터 함께 기도하기 시작했다.

  늘 어리게만 보이고, 나의 손길이 필요한 것 같던 우리 아이들에게 아빠를 위해 같이 기도하자고 했을 때, 가슴 속 저 깊은 곳에서 알 수 없는 감동, 고마움, 든든함이 몰려왔다. 나 혼자 두려워하며 끙끙대고 있었는데, 아이들과 함께 기도하는 순간, 두려움의 크기가 반으로 줄어들며 감사의 노래가 흘러나왔다.
  "아, 이 일을 위해 하나님이 내게 아이들을 주셨구나. 믿음으로, 신앙으로 자녀를 양육한다는 기쁨이 바로 이런 것이구나."
  남편의 아픔을 통해 지금까지는 알 수 없었던 가족의 새로운 모습을 깨달으며, 앞으로도 우리 가정을 통해 일하실 하나님이 기대가 된다. 우리 아이들을 통해서 나의 눈물을 기쁨으로 바꾸시는 하나님이 계셔서 오늘도 감사함으로 나아간다.

엄마생각

남편이 갑자기 아프게 되어
섬기던 교회에서 휴가를 얻고 남해에서 한 달 쉬었다.
그 때, 우리 아이들은 아빠가 얼마나 소중한지,
또 우리 가족 한 사람 한 사람이 얼마나 소중한지
더 깊이 알게 되었다.

26

책맹인류 시대에
책 읽는 아이들로 양육하기
- 1 -

EBS 다큐멘터리 '책맹인류' 프로그램이 화제이다. 책을 읽지 않는 시대에 대한 진단과 여러 나라의 국가적 대안 등 세계적으로 논란이 되고 있는 '책맹인류'에 대한 문제점들을 심도 있게 밝히고, 설득력 있게 구성했다. 특히 1부에서는 '읽기'를 과학적으로 설명하고, '읽기'를 시작할 때 뇌의 반응을 분석적으로 보여줌으로 읽기가 단순히 읽는 수준을 넘어 전인지적으로 인간에 영향을 미친다는 것을 보여주었다.

예를 들어, 실험자가 어떤 문자를 읽기 시작하는 순간, '해독, 인식, 구도, 문해, 지식, 추론' 등 뇌의 대부분의 영역이 활성화되기 시작했다. 읽기는 뇌의 모든 영역이 서로 도와야지 완성

할 수 있는 작업임을 증명한 것이다. 이 프로그램은 더 나아가 인간이 책을 읽지 않았을 경우 어떻게 되는지, 또한 10분만 책을 읽어도 어떤 효과가 나타나는지도 영상으로 보여주고 있어, 흐름을 따라가다보면 자연스럽게 놓았던 책을 다시 집어 들어야겠다는 결심을 하게 된다.

그런데, 중요한 점은 '책맹인류'란 프로그램 제목에서도 알 수 있듯, 사람들이 책을 읽지 않는다. 책이 '정보, 지식, 재미, 정서적 만족' 등을 준다고 하더라도 더 재미있고 자극적인 여러 매체 앞에 책은 제일 마지막 순위로 밀리고 만다.

이 프로그램을 보다보면 중간 중간에 초등학생 아이들이 인터뷰 하는 장면이 나온다. 그 아이들이 하나같이 "책이 재미없어요." "책보다 게임하는 게 더 재미있어요."라는 말로 책을 읽지 않는 이유를 설명한다.

맞다. 아이들 입장에서는 가만히 앉아서 딱딱한 문자를 읽는 것보다 텔레비전이나 컴퓨터 더 나아가 스마트폰에서 보여지는 화려한 영상은 훨씬 더 몰입감이 강하고 재미있다. 감히 비교가 안된다.

가끔 우리 아이들을 데리러 학교 앞에 갈 때가 있다. 마치는 종소리가 들리면 아이들이 우르르 운동장을 빠져 나오며 마치 기다렸다는 듯 핸드폰을 켠다. 어떤 아이들은 엄마에게 전화하

기도 하고, 또 어떤 아이들은 문자나 카톡을 확인하기도 한다. 그 아이들의 모습을 유심히 지켜보고 있으면 전화나 문자를 확인한 후 결국 유튜브 동영상을 보거나 삼삼오오 모여 앉아 핸드폰 게임을 하고 있다. 식사를 하러 식당에 가도 이런 모습은 흔하게 볼 수 있다. 부모님이 아직 식사를 하고 있는데도 아이들이 식사를 다 했다 싶으면, 개의치 않고 핸드폰을 통해 자신들만의 세상 속으로 들어간다.

나는 첫째 아이가 중학교 1학년이 될 때, 처음으로 핸드폰을 사 주었다. 처음 사줄 때 스마트 기능이 없는 '전화와 문자'만 되는 핸드폰을 사줬다가 학교에서 반톡을 만들어 소통해야 하는 상황이 빈번히 생겨 결국 6개월 만에 스마트폰으로 바꿨다. 그리고 아직 초등학교에 다니는 나머지 아이들은 핸드폰이 없다. 집에 TV도 없다. 아이들이 학원도 많이 다니지 않아 집에 오면 당연히 심심해한다. 하지만 심심하면서도 결국 자신들이 놀 것, 읽을 것은 스스로 찾는다. 물론 나는 글이 많이 있는 책을 읽기를 바라지만, 이 아이들이 선택하는 것은 대부분 만화책이다. 하지만 어떤 형태로든 책을 가까이 하고 읽는 것을 멈추지 않는다.

가능하면 중학생이 되어서야 핸드폰을 사주고, 집에서 영상

매체를 가급적이면 보지 않는 것 등의 원칙은 내가 첫째를 임신하면서부터 가졌던 교육관이자 동시에 책 읽기에 대한 중요성을 알았기 때문이다. 그래서 나는 '책맹인류' 시대에 양육자들이 먼저 사태의 심각성을 '인식'하고 책 읽기의 중요성을 강하게 깨닫기를 바란다.

"에이, 책 좀 안 읽으면 어때? 다른 곳에서 지식과 정보를 얼마든지 얻을 수 있는데…"

이렇게 생각하시는 분들은 꼭 EBS 다큐멘터리 '책맹인류' 프로그램을 시청하시기를 권한다. 책은 지식 취득 이상의 큰 의미가 있는 전인격적 활동이라는 것을 방송에서 끊임없이 말하고 있다.

무엇보다 깨달음이 있어야 그 다음 단계로 나아갈 수 있듯, '책맹인류' 시대에 우리 자녀들이 책 읽는 아이로 자라기를 원한다면 시대의 심각성과 책읽기의 중요성을 깨닫기를 바란다.

엄마생각

학교 마치고 집에 와서
간식을 먹으며 책을 읽는 아이들의 모습은
늦은 오후 나의 시간에
활기를 불어넣는다.

27

책맹인류 시대에
책 읽는 아이들로 양육하기
- 2 -

"얘들아, 각자 읽을 책 한 권씩 가지고 와."

엄마의 말이 끝나자 마자 저마다 읽고 싶었던 책을 집어온다. 집에 있는 책이 정해져있기에 그 책이 그 책이고, 어제 읽은 책이 오늘 읽을 그 책이지만 그래도 아이들은 뭐든 골라서 자리에 앉는다. 한 손에는 맛있는 간식을 입으로 넣고, 또 한 손으로는 책장을 넘기며 눈을 책에서 떼지 못하고 흥미로운 시간을 보낸다.

어느날 저녁, 우리집 아이들의 모습이다. 이제는 제법 책읽기의 즐거움, 글 속에서 만나는 신나는 세상에 대해 알아가는

듯 보인다. 여전히 "엄마, 나는 만화책 보고 싶어요. 만화책 딱 한 권만 보면 안될까요?"라며 글이 많은 책보다는 그림 위주의 책을 선호하기도 하지만, 그래도 만화책 비율보다 글 책을 고르는 비율이 계속 늘고 있는 것을 보면 희망적이다.

우리 아이들이 처음부터 아주 원활하고 즐겁게 저녁 시간을 책으로 보낸 것은 아니다. 오랜 시간 시행착오를 겪었고, 아이들과 함께 매일 책에 대해 이야기하고, 책과 친근해지기 위해 서점에도 자주 가는 등 시간을 쏟고, 의지를 들여서 이제 조금 자연스럽게 책과 보내는 시간이 많아졌다.

먼저, 우리집에는 없는 것이 있다. 바로 텔레비전과 아이들 소유의 스마트기기이다(큰 아이가 중학교 3학년인데, 중학교 1학년 때 처음 핸드폰을 사주었다). 텔레비전과 스마트기기가 없다는 것은 요즘 아이들의 표현을 빌리자면 '놀 게 없다. 할 일이 없다'는 것과 같다. 맞다. 우리 아이들은 학교를 마치고 집에 오면 딱히 할 일이 없다. 때로는 자기들끼리 놀고 싸우고 먹고 울고 그러다 또 놀고 싸우고를 반복하고, 또 때로는 뒹굴뒹굴 거리며 엄마가 주는 간식만 기다리고 있다. 할 게 없으니 집에 있는 것으로 뭐라도 해야한다. 그래서 거실 한 편에 빼곡히 꽂혀있는 책을 펴고 긴 시간을 보내는 방법을 차츰 배웠다.

아이들이 심심하다며 볼멘소리를 하고, 학교 친구들이 대부분 유튜브를 보니까 자기들도 보여달라고 항의하는 등 고비가 있었지만, 육아에 대한 원칙을 가지고 있었기에 우리집은 '텔레비전과 스마트기기는 없다'고 필요할 때마다 설명했고, 오랜 시간이 지나 가랑비에 옷이 젖듯, 아이들은 받아들이며 심심할 때 무엇을 해야 할지, 책을 통해 어떤 즐거움을 얻을 수 있는 지 조금씩 알게 되었다. 그래서 이제는 "엄마, 도서관가요." "온라인 서점에서 이 책 사주세요." 등 책을 사고 읽는 것이 생활의 일부가 되었다. 텔레비전과 스마트기기를 버리고 책 읽기의 즐거움을 얻은 것이다.

대신, 우리집에는 있는 것이 있다. 바로 독서 후 나눔이다. 나는 우리 아이들이 무슨 책을 읽는 지 거의 다 안다. 왜냐하면, 내가 읽어보고(혹은 줄거리를 보고) 괜찮은 책을 사주거나 아니면 아이들 책을 사준 후 나도 꼭 읽어보기 때문이다. 아이들에게 책을 읽으라고 한 후 그 책 내용을 엄마가 모르고 있다면 독후 이야기 및 활동을 할 수 없기에 나도 아이들과 같은 책을 꼭 읽는다. 아이들과 책을 읽고 이런 저런 이야기를 나누다보면 아이들이 책 읽는 방법을 스스로 터득함을 알 수 있게 된다. "엄마, 나는 이 책에서 이런 것을 새로 알았어요." 책을 통해 지식이나 정보를 습득하는 법. "엄마, 이 책 주인공은 너무 불쌍해요. 친구들 때문에 얼마나 마음이 아팠을까?" 책을 통해 다양

한 감정을 느끼는 법. "엄마, 이 책은 딱 내 이야기인 것 같아요. 진짜 웃겨요." 책을 통해 공감하는 법. 굳이 아이들에게 가르치지 않아도 책을 읽는 순간, 뇌에서 모든 활동이 이뤄져 지식, 정서 등을 채워가는 것을 볼 때 책 읽기가 얼마나 중요한지 다시 한 번 깨닫는다.

책맹인류 시대에 책 읽는 아이들로 양육하는 일은 결코 쉽지 않다. 엄마가 포기해야 할 것, 버려야 할 것이 있고 반면 세워야 할 것, 지켜야 할 것, 가르쳐야 할 것 또한 만만치 않기 때문이다. 이 과정이 농부가 1년 농사를 짓는 것처럼 시간과 정성이 필요하다. 하지만 힘들다고 포기할 수 없기에 부모가 먼저 책읽기의 중요성을 마음에 새기고 자녀들과 함께 실천해 나가길 바란다. 부모가 책읽기의 즐거움을 보이면 아이들은 자연스럽게 책과 친해질 것이다.

엄마생각

주 약속 안에서 내 영혼 평안해

내 뜻보다 크신 주님의 계획 나 신뢰해

두려움 다 내려놓고 주님만 의지해

주 안에서 내 영혼 안전합니다.

_어노인팅 「내 영혼 안전합니다」 중에서

정답이 없는 육아의 길을 걸을 때

여러 육아서들을 읽으며, 혹은 또래를 키우는 엄마들의 이야기를 들으면 자녀 양육에 정답을 기대하게 된다. 육아서를 쓴 사람들의 방법이 우리 아이에게도 통하리라는 기대감, 옆집 엄마가 한 교육 방법이 우리 아이에게도 적용되었으면 하는 설렘 등이 바로 그런 것이다. 그런데, 그런 기대감은 매 순간 나의 아이들의 문제와 맞닥뜨리면 어김없이 와르르 무너진다. 한 마디로 육아에는 정답이 없다. 나와 같은 사람이 전 세계에 한 명도 없듯, 우리 아이에게 정확히 맞는 육아 방법은 하나도 없고, 그저 아이와 내가 상황마다, 시간마다 맞춰가는 것일 뿐이다.

둘째 아이가 초등학교 6학년을 마무리할 때가 되자 슬슬 사춘기 증상이 시작되고 있다. 둘째는 딸이고, 성격도 밝아서 큰 아이와 달리 쉽게 넘어가리라 생각했는데 순전히 나의 착각이었다. 또한 나는 이미 첫째를 한번 경험했기에 두 번째는 조금 더 낫지 않을까, 싶었는데 이 또한 나의 판단 오류였다. 둘째는 첫째와는 전혀 다른 방법으로 자신의 10대의 갈등을 표출하고, 그 속에서 나는 새로운 길을 열어가고 있다. 아이의 육체적, 정서적 결핍과 혼란 등이 툭툭 던져질 때마다 난 일주일 전에도 이 문제를 겪었지만, 마치 오늘 처음 경험하는 것처럼 서툴게 반응하고 힘들게 이 과정을 지나고 있다.

이런 상황에서 꺼내든 책이 스티브 도나휴가 쓴 「사막을 건너는 여섯까지 방법」이다. 그리고 이 책의 첫 번째 챕터인 '사막을 건너는 첫 번째 방법인 지도를 따라가지 말고 나침반을 따라가라'를 읽고 공감과 위로를 받았다. 흔히 많은 사람들이 인생을 산에 비유하는데, 이 책의 저자는 늘 그 자리에 있고, 길이 정해져 있는 산보다는 변화무쌍하고 언제 무슨 일이 어떻게 생길지 모르는 사막이 우리 인생과 더 가깝다고 말한다. 특히 방금 전까지 내 앞에 길이 펼쳐져 있었는데, 모래 바람이 한 번 불면 그 길은 온데간데없이 사라지고 또 다른 길이 생기는 사막에서는 정답같은 지도보다는 목적지의 방향을 알려주는 나

침반이 훨씬 유용하다고 설명한다.

이 책의 구절구절들을 읽으며 나는 연신 고개를 끄덕였다.

"맞아, 맞아. 육아라는 사막도 마찬가지지. 누가 만들어 놓은 지도같은 것은 크게 도움이 되지 않고, 육아에 대한 정확한 방향, 철학, 가치가 똑바로 세워지면 되는 것이지."

그러면서 나의 마음 속에 나침반을 들여다보았다.

나는 육아라는 사막에 서 있으면서 내면에 어떤 나침반을 따라 살아가고 있는가? 너무 험난한 사막의 모래바람 앞에서는 세상의 성공한 경험들을 나침반 삼아 아이들을 돌보지 않았는지, 끝을 알 수 없는 막막한 사막 한 가운데서는 간절히 원하는 사막 가이드나 구조원들을 나침반으로 여기며 살지는 않았는지 생각해본다. 그렇게 사막같은 육아의 현실과 내면의 나침반들을 돌아보며 내 안에서는 선한게 하나도 없음을, 나 스스로는 절대 길을 찾을 수도 만들수도 없음을 깨닫는다. 나의 자녀를 나보다 더 잘 아시는 하나님이 사막같은 인생에 나침반이 되어 주셔야 하고, 길이 없는 육아의 길에 새 길을 열어 주셔야만 한다.

사실은 하나님만 의지하고, 그 분께 나의 아이들을 맡기면서, 그 분의 방법대로 청지기적 사명으로 자녀를 양육하는 것이 가장 유일한 방법임을 알면서도 자꾸 힐긋힐긋 다른 지도를 펼치는 내 모습부터 반성해본다.

결국, 정답이 없는 것 같지만, 육아의 가장 완전한 정답인 하나님이 우리 아이들의 참 부모되시기에 어디로 튈지 모르는 나의 사춘기 아이들도 큰 숨 한 번 쉬며 기도로 하나님께 맡겨본다.

인생을 사막에 비유하며 풀어내는
「사막을 건너는 여섯가지 방법」의 책을 통해
내 모습을 돌아보고, 하나님의 방법을 깨닫는다.

사춘기가 시작된 둘째를 보며
'육아'라는 인생의 사막에서는
지도보다 나침반이 더 유용함을 깨닫는다.
나의 자녀를 나보다 더 잘 아시는 하나님이
사막같은 인생에 나침반이 되어 주시기를 소망한다.

_위 그림은 「사막을 건너는 여섯가지 방법」 책과 둘째가 그린 자기 모습

다시, 봄

인생의 모든 구간은 과정이기에

"오빠, 내가 가는 중학교는 남녀공학이래. 난 진짜 여중 가고 싶었는데… 그리고 그 학교는 공부도 많이 시킨대. 오빠, 중학교 공부는 힘들어?"

"중학교는 공부도 아니지, 오빠는 이제 야자까지 해야 한다. 공부하고 집에 오면 밤 11시야. 이게 사는 거냐?"

2024년 고등학교와 중학교에 각각 입학한 첫째와 둘째는 새로운 학업 환경의 변화를 걱정하며 어떻게 적응해야 할지 한참 고민 중이다. 특히 지금까지는 설렁설렁 공부했던 첫째가 대학 입시라는 단어를 꺼내는 것을 보며 조금씩 현실을 인식하고 있는 것 같다. 아이들의 이야기를 듣고 있으면 이 시간이 자신들 인생에서 가장 힘든 것처럼 느껴진다. 중학생이 되는 둘째는 초등학교와는 완전 다른 생활에 벌써부터 잔뜩 긴장하며, 밤마다 일기장에다 무언가를 끄적이며 삶의 힘듦을 털어내고 있다. 첫째는 공부를 해야 하니 책상에는 앉아있는데, 아직 몸에 익숙하지 않으니 2-3분 마다 한번씩 거실로 나와 딴짓을 하다 들어간다. 그러는 아이들을 보며 "너네, 그만 걱정하고 책 읽던지, 쉬던지 해~"라고 말하면 둘 다 엄마가 자기들을 이해하지 못하는 것 같다고 투덜거린다.

아이들의 이런 모습을 보다, 어릴 때 우리가 함께 '소요리문답'을 공부했던 것이 생각이 나, 첫째를 불러 이야기를 나눴다.
"은성아, 너 공부 잘하고 싶은 마음은 충분히 이해하는데, 왜 공부를 잘하고 싶어?"
"공부를 잘해야 하니까요. 지금 내가 잘되는 방법은 공부하는 것 밖에 없잖아요."
"그렇지. 맞아. 그럼 너는 왜 잘되어야 하니?"
"성공해야 하니까요."
"성공하는 게 뭐야? 돈 많이 버는 게 성공이야?"
"…그렇죠."라고 대화를 이어가다, 이때다 싶어 내가 하고 싶은 이야기를 던졌다.

"은성아, 그럼 너는 성공을 위해 사는거네. 그런데, 너 예전에 엄마랑 소요리문답 공부했던 거 기억하지. 사람이 제일 되는 목적, 즉 사람이 살아야 하는 목적이 뭐라고 했어?"

"…하나님을 영화롭게 하고 기뻐하는 거요."

"그럼, 아까 너가 말한 성공과 성경이 말하는 삶의 목적이 같아?"

"성공해서 하나님을 영화롭게 하고 기쁘게 할 수 있잖아요."

"물론이지. 그럴 수 있지. 당연히. 엄마도 너가 성공했음 좋겠어. 그런데, 진짜 니 마음을 묻는 거야. 아주 솔직하게. 너 정말 하나님을 기쁘게 하기 위해 성공하고 싶어? 하나님 때문에 공부하고 싶어?"

"……"

대화가 잠시 멈추었지만, 첫째는 따박따박 자신의 성공 열망을 하나님의 영광에 빗대며 말을 이어갔고, 그런 아이에게 원론적이지만 그래도 놓칠 수 없는 인간의 존재 목적, 사는 이유를 이야기하며 지금 붙잡아야 할 것이 무엇인지를 설명했다. 아마 누군가가 우리의 대화를 들었으면 평행선을 달리는 듯한, 서로 대립되는 의견으로 하나의 합의점을 찾지 못해서 심지어는 엄마와 아들이 싸우듯이 보였을 것이다.

그런데 나는 평행선을 달리더라도, 합의점을 찾지 못하더라도 아이와 이런 대화를 필요한 순간마다 해야 한다고 생각한다.

가끔씩 아이들과 대화를 하다보면, 우려했던 생각들이 아이들에게 심겨져있는 것을 느낀다.

"돈이면 최고야."라는 물질만능주의, "다른 사람한테 피해 안주고, 나만 잘하면 돼."라는 개인주의, "힘든 것보다는 편하면서 나에게 유익을 주는 것이면 최고야."라는 편리주의. 즉, 그럴듯하게 포장한 자기중심성이 다양한 경로를 통해 가랑비에 옷 젖듯 아이들에게 심겨져 있기에 기회가 되는대로 가치있는 삶, 고난의 유익, 공동체의 필요성, 자기중심성에서 벗어나기 등의 기독교 가치관을 전달해야 한다. 그렇게 해야지 아이들이 분별할 수 있는 힘, 세상을 바르게 살아가수 있는 힘을 키울 수 있기 때문이다.

가끔 아이들에게 이런 말을 한다.

"인생의 모든 구간은 과정이기에, 죽는 순간까지 우리는 결과를 알 수 없단다. 그래서 그저 오늘 하루 하나님이 우리에게 주신 이 시간들을 때로는 즐기며, 때로는 버티며 또 때로는 사명으로 살아야 한단다."

사실, 아이들에게 이 말을 전하면서 나도 다시 한 번 마음에 새기며 하나님이 내게 주신 아이들을 바르게 양육하기 위해 은혜를 구하고 힘을 내어 본다.

엄마생각

날이 저물어 갈 때 빈들에서 걸을 때 그때가 하나님의 때
내 힘으로 안될 때 빈손으로 걸을 때 내가 고백해 여호와 이레
주가 일하시네 주가 일하시네 주께 아끼지 않는 자에게
주가 일하시네 주가 일하시네 신뢰하며 걷는 자에게

_이혁진 「주가 일하시네」 중에서

어둔 밤
너가 홀로 걷는 그 길에도 하나님이 함께 하신단다
너의 긴 고등학생 생활을 엄마는 응원한다

_첫째가 고등학교 1학년 입학한 후 첫 야자를 마치고

30

선물 상자를 열어볼 때

"가정은 우리가 사랑과 이해와 지지를 얻을 수 있는 최후의 보루다. 우리는 가정에서 힘을 얻어 바깥세상에 맞설 용기를 낸다. 그러나 수백만의 문제 있는 가정은 오히려 힘을 앗아가는 곳이다. 우리는 도시화되고 산업화된 사회에서 실용성, 효율성, 경제성, 수익성을 중시할 뿐 인간의 인간다운 부분을 지켜주지 못하는 조직들과 관계를 맺고 살아가고 있다. 대부분 사람들이 궁핍, 차별, 압력 등 비인간적인 조직들의 다양한 부정적 영향하에 있다. 집에서마저 비인간적인 대접을 받는 문제 있는 가정의 구성원들에게는 이런 부정적 영향이 고통을 더욱 키운다. 물론 일부러 이런 생활 방식을 선택하는 사람은 없을 것이다. 사람들은 막다른 골목에 다다른 후에야 자기 가정에 문제가 있음을 인정한다."
「아이는 무엇으로 자라는가」의 일부 _버지니아 사티어

　미국의 심리치료사이자 가족 치료의 일인자라고 불리는 버지니아 사티어는 「아이는 무엇으로 자라는가」라는 그녀의 책에서 가정은 인간이 사랑과 지지를 받을 수 있는 최후의 보루라고 설명한다. 극도의 실용적이고 경쟁적인 외부 사회에서 살아갈 용기를 얻기 위해서는 따뜻함과 사랑이 충만한 내부 공동체인 가정이 가장 중요하다는 말이다.

　맞다. 어린 생명이 태어나 성숙한 인격체로 자라는 모든 과정을 책임지는 가정, 나와 너가 만나 관계를 맺어 우리가 되는 새로운 개념을 형성하는 가정, 사실 가정은 우리가 알고 있는 것보다 훨씬 더 우리 삶에 중요함에도 불구하고 이 사실을 자주 잊고 살아간다.

　지난 설 명절에 오랜만에 가족들이 함께 당일 여행을 다녀왔다. 고1인 큰 아이가 4살 때 갔던 남해를 13년이 흐른 후 다시 가보게 된 것이다. 여행을 하면서 놀라웠던 점은 그 때는 보이지 않던 것들이 지금은 눈에 잘 들어온다는 사실이다. 남해의 아름다운 바다, 잘 꾸며놓은 관광시설, 현지 재료로 맛있게 만든 음식들… 물론 이런 것들도 새로웠지만, 완전히 다르게 보여진 것은 바로 '아이들'이었다. 13년 전, 4살이었던 첫째와 1살이었던 둘째를 데리고 다닐 때는 남해의 풍경도, 아이들의 모습도 제대로 보이지 않았다. 그저 그 정신없는 시간과 공간에서 잘 버텨나가길 바랄 뿐이었다. 그런데 이번에는 여행 내내 훌쩍 커버려서, 어느덧 각자의 생각으로 자신만의 모습을 갖추고 있는 아이들이 눈에 들어왔다. 여행 처음부터 마지막까지 아이들의 몸짓 하나가, 말 한 마디가 재미있고, 즐거웠으며, 경이로웠다.

그리고 그 때 깨달았다. 이제 내가 '선물 상자를 열어볼 때'가 되었다는 것을 말이다.

하나님은 내게 가장 좋은 선물 상자를 주셨는데, 사실 내가 그 상자를 열어보지 못하고 있었다. 때로는 상자가 너무 무겁고 버거워서, 또 때로는 상자에 묶인 리본을 풀다 지쳐서, 어떨 때는 상자를 열었다가 내가 원하는 선물이 아닌 것 같아 다시 덮기도 했다. 그런데, 이제는 하나님이 주신 선물 상자를 주신 것 그대로 온전히 감사함으로 열어볼 때가 되었다는 생각이 들었다. 그리고 이제는 선물 상자에서 꺼낸 선물들을 하나님께 다시 드릴 때까지 귀하고 존귀하게 다듬을 것을 마음에 새긴다.

　세상을 살아가는 최후의 보루는 가정이라는 사티어의 말처럼 선물처럼 내게 온 자녀들이 그리스도의 향기를 발하며 세상을 살아갈 용기를 가질 수 있도록, 오늘도 엄마인 내가 먼저 사랑으로 선물을 품게 되길 소망한다.

엄마생각

힘들다고 주저 앉아 있지 말고
보이지 않는다고 막막해 하지 말며
어렵다고 한 걸음 내딛다 포기하지 말며
쓰러졌다고 절망 속에 머물지 말며

"도울 이는 오직 주님 뿐임을,
말씀을 기억하자"

아사가 그의 하나님 여호와께 부르짖어 이르되
여호와여 힘이 강한 자와 약한 자 사이에는 주밖에 도와 줄 이가 없사오니
우리 하나님 여호와여 우리를 도우소서 우리가 주를 의지하오며
주의 이름을 의탁하옵고 이 많은 무리를 치러 왔나이다
여호와여 주는 우리 하나님이시오니 원하건대
사람이 주를 이기지 못하게 하옵소서 하였더니

_역대하 14:11

"잠시 쉬어가도 괜찮아!"
- 1 -

월요일 아침이다.

남편이 교회 사역을 하기에 우리 부부가 온전히(?) 쉴 수 있는 시간은 월요일 뿐이다. 그러나 그것도 계획일 뿐, 장례, 갑작스런 행사 등이 생길 때면 월요일도 편히 있지 못한다. 그날은 모처럼 '아무것도' 없는 월요일 아침이었다. 전날 늦게까지 주일학교 교사 모임을 한 터라 피곤이 쌓일만큼 쌓여 있어서 꿈같은 쉼을 기대하며 아이들을 학교로 보냈다.

그런데, 아이들을 등교시킨 지 30분이 채 되지 않았는데 이제 막 중학생이 된 둘째 딸에게 전화가 왔다.

"엄마, 나 목이 너무 아파서 보건실에 갔는데, 선생님이 코로나가 의심된다고 조퇴하고 병원에 가보래."

"……그래? 많이 아파?"

"많이 아프지는 않는데 마스크가 없어 보건실에 받으려고 갔다가 그렇게 됐어."

"그래, 알았어. 엄마가 데리러 갈게."

라며 전화를 끊는 순간, 다시 담임선생님이 전화가 와서

"어머니, 만약 병원가서 검사 해보시고 코로나라면 일주일간 등교 금지입니다."라고 알려주었다. 당연히 그렇겠지, 이미 충분히 알고 있는 일이었다.

그런데, 그 때부터 내 마음이 이상했다.

괜한 짜증, 화, 분노 등이 제어가 되지 않을 정도로 일어났다. 아이들이야 아픈 게 일상이고, 아파서 학교를 조퇴한 일도 흔한데, 그래서 이런 일쯤은 아무것도 아닌데 내 마음이 요동치기 시작했다. 그리고 그 때 알았다. "내 마음에 여유가 하나도 없다."는 것을. 그리고 분명 이것은 '모든 걸 멈추라는 마음의 울림'이라는 것을 직감적으로 알아차렸다.

가정, 교회, 일, 이 세 영역에서 활동하는 나는 일주일 24시간이 모자랄 정도로 바쁘게 보낸다. 4명의 아이들을 돌봐야 하

고, 섬기는 교회 부서에서도 맡은 일에 최선을 다해야 하며, 나의 일도 놓치지 않아야 한다. 어느 한 곳에 구멍이 나지 않기 위해 시간을 쪼개서 사용하고, 취미 혹은 개인적인 시간을 갖는 것은 다른 나라 사람 이야기인냥 살아왔다. 물론 한번씩 감정이 상하거나, 힘들 때가 있지만 그 때는 나름대로 내가 좋아하는 책을 몰입해서 있거나 남편과 맛있는 것을 먹으며 조금씩 풀었다. 그러나 그것 또한 그 때 뿐이었나 보다. 육체와 영이 모두 지쳐 나의 자녀의 아픔조차 받아내지 못할 정도의 마음 상태가 된 나를, 내가 더 이상 용납할 수 없었다.

그리고 아이를 데리고 병원에 가는 차 안에서 '잠시, 쉬어야겠다'고 결정했다.

내 형편에서 잠시 쉬는 것이라고 해봐야 반나절 시외로 나갔다 오는 것이 다인데, 그날은 그것 만으로는 안될 것 같아 조퇴한 둘째를 태우고, 셋째, 넷째가 있는 초등학교에 가서 선생님께 갑자기 가족 여행을 가게 되었다고 말한 후, 애들을 데리고 나와 그 길로 김해공항으로 갔다. 차로 돌아오지 못하는 곳은 제주도밖에 없기에, 내가 나를 자발적으로 고립시키려고 아이들과 함께 무작정 제주도로 향했다.

가는 내내 눈물이 멈추지 않았다.

25년 전, 대학생일 때의 김희정도 그날처럼 무모했었다. 그 때는 일상이 무모이자 도전이었다. 1년 동안 열심히 아르바이트를 해서 혼자 유럽여행도 가고, 학교에서 수업하다 날씨가 좋아 무작정 버스를 타고 경주까지 가는 등 마음만 먹으면 뭐든지 할 수 있던 시절이 있었다. 그런데 결혼을 하고, 아이를 낳으며 그 때의 나는 흔적도 없이 사라졌다. 늘 사람과 상황에 쫓기듯 살아가고 희생과 섬김이라는 이름으로 수동적으로 끌려다니며 살았다. 지금 내 환경에서는 최선이라고 생각했지만, 그 결과는 번아웃, 탈진이었다. 다시 나아갈 힘이 하나도 없게 되자, 내 마음에 빈 틈이 1mm도 남지 않게 되자, 그제야 25년 전, 무모했던 나의 본성이 나를 이끌었다.

"아이들을 데리고 어디론가 가서 잠시 쉬자. 모든 걸 멈춰보자."

아마 수년 동안 내 마음에서 "멈춰라. 쉬어라."는 외침들이 있었겠지만, 쉼에 대한 두려움들이 그 소리를 막고 있었는데, 마음이 폭발하고, 감정이 용솟음치니 그때야 멈춤의 음성이 또렷이 들려왔다. 끊임없이 흐르는 눈물을 손으로 닦으며, 아이들의 손을 잡고 김해공항 안으로 들어가면서 혼자 되뇌였다.

"잠시, 쉬어가도 괜찮아. 잠시 쉬어가도 괜찮아. 진짜, 정말로 잠시 쉬어가도 괜찮아."

엄마생각

믿음이 없이는 기쁘시게 못하나니
고된 수고도 헛될 뿐이라
믿음이 없어서 무너진 삶의 모든 자리에
다시 주님을 기다립니다.
다시 주님을 기다립니다.
_히즈윌「믿음이 없이는」중에서

"잠시 쉬어가도 괜찮아!"
- 2 -

"사랑한다는 것은 말은 쉬우나 실상은 괴로움이다. '나'를 포기하고 내어 주어야 하기 때문이다. 그런데 복음은 이러한 고통스러운 사랑을 가능케 한다. 사랑할 수 없는 자를 사랑하도록 한다. 우리가 먼저 그 사랑을 받았고, 그 사랑에 빚진 자이기 때문이다… (중략) …사랑 없는 자리에 결코 선한 것이 있을 수 없다. 더러운 죄악이 은밀히 뿌리내리며 영혼을 갉아먹는다. 서서히 영혼과 삶이 파괴되어 간다"

「진정한 플렉스」의 일부 _신동재

일상에서 벗어나 제주 공항에 도착한 순간부터 "왜"라는 물음표가 떠나지 않았다.

"왜 나는 지독한 탈진을 경험하고 있나?"

"왜 이 지경이 될 때까지 모르고 있었나?"

"왜? 왜? 왜?"

한 번 질문이 시작되자, 문장은 거침없이 답을 향해 나아갔다. 지금 결론을 내리지 않으면 또 다시 혼란 속에 갇히게 될 것 같은 두려움 때문인지 제주의 바다를 보면서도, 아이들과 즐거운 시간을 보내면서도 머릿속에서는 끊임없이 질문이 작동했다. 그리고 생각이 정리되고, 시간이 흐르고, 안개가 걷히기 시작하면서 '사랑'이라는 종착역에 다다랐다.

신동재 목사님이 지은 「진정한 플렉스」란 책에 '사랑받는 나, 사랑받게 되다'라는 챕터가 있다. 그 챕터에는 사랑이 얼마나 힘든지, 원수를 사랑하고 용서하는 것이 죽음보다 무서운 '끔찍한 의무'임을 상세히 풀어내고 있다. 나는 이 부분을 천천히 읽으며 나의 지침의 이유, 탈진의 이유를 어렴풋이나마 깨닫게 되었다.

결국은 사랑이었다.

100% '나' 중심으로 살아갔던 내가 '나'를 포기하고 내어 주어야 하는 이 사랑이 버거웠던 것이다. 아이들 4명을 하루하루

양육하면서 나를 포기하며 나에게 없는 사랑을 짜내어 아이들을 돌보는 것(물론, 복음의 감격이 내 안에 있기에 매 순간 성령께 의지하려고 노력하지만 그래도 잘 안됩니다), 사랑 없는 내가 교회에서 주일학교 교사로 섬기는 것, 이웃과 관계하는 것 등 눈떠서 감을 때까지 하는 모든 일들에 사랑이 필요한데 난 그 사랑이 없었다.

 사랑이 없으니 결국은 다시 제자리로 돌아오고, 진정한 사랑이 없으니 그 자리에는 미움 다툼 버거움이 자리잡을 뿐이다.

 아이들이 바닷가에서 조개, 게를 잡으며 한참을 놀고 있을 때, 바위에 앉아 하염없이 바다를 바라보며 '사랑없는 내게, 오늘도 사랑없다고 버거워하는 내게, 책망하지 않으시고 위로의 떡을 주시고 다시 사랑을 부어주시는 예수님'을 생각했다. 사랑 그 자체이신 예수님이 나에게 "잠시 쉬어가도 괜찮아. 내가 다시 사랑을 듬뿍 줄게."라고 속삭이는 것 같다. 다시 고개를 들어 제주 바다를 보니 햇살을 머금은 바다는 마치 수천개의 보석이 빛나는 것처럼 반짝이고 있었다. "우리 아이들이 저 바다처럼 아름답게 반짝이기 위해서는 내가 햇살이 되어 주어야겠다."는 생각이 들었다. 그리고 그제야 "제주도에 너무 잘왔다. 잠시 쉬어가도 괜찮네."라는 말이 나왔다.

 사랑이 어렵고 힘들지만, 그래도 포기할 수 없는 이유는 내

184

가 이미 그 사랑을 받았고, 내가 받은 사랑을 아이들에게 흘려보내야 할 책임이 내게 있기 때문이다. 결국엔 사랑. 부산으로 오는 비행기에 오르며 명확해진 사랑으로 다시 살아내고자 다짐해본다.

엄마생각

거룩히 살아갈 힘과
두렴없는 믿음

33

때에 맞게 만나주시는 하나님

"엄마, 나는 솔직히 하나님이 있는지 잘 모르겠어요. 예배 드릴 때, 말씀은 듣지만 하나님이 나의 기도를 들으시는지는 잘 모르겠고 우리 집에 하나님이 역사하시는지도 잘 모르겠어요."

아이들을 키울 때, 가끔씩 아이들이 하는 말에 가슴이 먹먹해질 때가 있다. 특히 내가 예상하지 못한 신앙과 관련된 것들을 이야기 할 때, 아이는 답을 찾아 내게 왔는데 오히려 내가 물음만 던져주는 상황일 때, 부모로서 한없이 작아짐을 느낀다.
흔들리지 않고 피는 꽃이 어디 있으며, 마른 땅을 몇 번이고 기경하면 옥토가 되듯, 우리 앞에 던져진 신앙 질문의 고비 고비들을 잘 넘기면 길을 크게 벗어나지 않고 걸어갈 수 있다. 나 또한 이런 과정들을 거쳐 오늘의 신앙을 가지게 되었고, 주위에 수많은 믿음의 동역자들 또한 비슷한 과정들을 거치며 신앙의 걸음들을 걸어가고 있다.

둘째는 초등학교 고학년이 되면서 끊임없이 '신앙의 질문'들을 했다. 그리고 중학교 1학년이 되자, 드디어 "하나님이 없는 것 같아요."라며 파괴력이 큰 폭탄을 나에게 던졌다. 어렸을 때부터 기도하고, 말씀 읽히고, 묵상하라고 잔소리 한 것이 한순간에 물거품이 되는 것 같았다.

"하나님이 없는 것 같아요."

그 말을 듣고 나의 감정을 앞세워 "뭐라고? 하나님이 없는 것 같다고? 그게 말이 되니? 너는 엄마 뱃속에서부터 교회를 다니고 지금까지 한 번도 주일을 빼먹은 적이 없으며 엄마가 아침마다 너를 위해 기도하는데 하나님이 없는 것 같다고? 그리고 생각해봐. 우리가 지금 이렇게 살아있는 것 자체가 하나님의 역사하심인데 하나님이 없는 것 같다고? 어떻게 그런 말을 할 수가 있지? 엄마는 도저히 너를 이해할 수가 없단다."라는 쏟아부음이 입술 앞까지 왔지만 참고 누르고 또 참았다. 그리고 꺼낸 첫 마디가 이랬다.

"은별이는 하나님이 없는 것 같아? 그래, 그럴 수 있어. 엄마도 지금까지 교회를 다니지만 하나님이 없다고 느껴질 때가 한두 번이 아니야. 특히 은별이 너 나이에는 더 그랬어."

지금은 고등학생이 된 큰 아이가 막 중학생이 되었을 때, 아이에게 단 하나만 당부했었다.

"은성아, 엄마는 인생에서 때마다 만나주시는 하나님을 경험했어. 사춘기 때는 사춘기에 맞게, 어려운 시절에는 어려움에 맞게 또 즐거울 때는 즐거움에 맞게 하나님이 찾아오셨어. 그래서 엄마는 너 때에 맞게 만나주시는 하나님의 은혜를 위해 기도할게. 너도 그런 하나님을 만날 수 있게 기도했음 좋겠어."

때에 맞게 만나주시는 하나님. 그렇다. 내가 경험한 하나님은 항상 때에 맞게 만나주시는 하나님이었다. 그리고 인생의 시기마다 모든 순간에, 모든 장소에 하나님은 늘 필요했다.
아이들을 양육하면서 많이 했던 기도의 내용 중 하나는 '때에 맞는 은혜'였다. 그 때에 맞는 은혜가 임하면, 어렵거나 힘든 상황도 능히 이겨낼 수 있는 힘이 생겼다. 하나님의 은혜는 늘 그랬다.

 우리 아이를 포함한 사춘기 시절을 지나는 아이들을 보면서 상황이나 환경에 머물러있기 보다는 그 상황에도 여전히 계시는 하나님을 경험했으면 하는 바람이 있다. 그 때는 넓게 보기 힘든 시기이기에, 그 때는 멀리 보는 것이 어렵기에 측량할 수 없는 하나님을 경험하는 게 쉽지 않다. 그렇기에 엄마인 내가 더 엎드리며 기도한다. "때에 맞게 하나님이 만나달라."고. 그 하나님을 알게 해달라고 간구한다.

 우리 딸이 나에게는 답을 찾으러 왔다 질문만 가져 갔지만, 하나님께로 가면 그 질문에 맞는 가장 좋은 답을 찾으리라 확신한다. 그리고 하나님은 그 답을 기꺼이 기분 좋게 주실 것이라 믿는다. 때에 맞게 만나주시는 하나님이시기에.

엄마생각

"답이 없는 인생을 살아가는 것을 배우는 과정이
바로 그리스도인으로 사는 것.
신앙은 답을 모른 채 계속 살아가는 법을 배우는 일이다"
_책「한나의 아이」중에서

답을 모르는 게 맞는 것이었다.
어차피 모르는 것,
답이 없는 수많은 문제들을 모른채 나아가자.
그러다보면
어느새 그리스도인의 삶으로 살아가겠지.

(34)

우리 아이들에게 다시 복음을

몇 달 전에 읽은 책을 정리할 필요가 있어 다시 꺼내 들었다.

「다시, 공부 다시, 학교」

주입형 학습에서 활동형 학습으로 바뀐 교육 현장을 추적하면서 '지식 습득 과정'의 본질에 대해 의문을 던지는 책이다. 이 책의 핵심은 단순히 현재 교육의 문제점을 의문으로 멈추는 것이 아니라 뚜렷한 대안 및 해법을 밝히고 있다. 한국은 현재 여러 교육 선진국의 영향으로 주입형 학습에서 활동형 학습으로 정책을 바꾸었지만, 실행되는 학교 교육 현장에서 교육 수준의 하향, 교육 불평등 등의 문제점들이 발생하고 있는 시점이다.

"지금까지 교육이 강의형으로 이뤄지다보니 강의형 교육이 그 오명을 뒤집어쓴 것뿐이에요. 학습자의 이해수준에 맞춰 지식을 구조화해 전달하는 강의형 수업, 실감나는 사례와 끊임없는 피드백이 오가는 강의형 수업도 얼마든지 가능합니다."
_강원대 일반사회교육과 송성민 교수

이 책은 핀란드, 영국 등의 실제 사례를 소개하며, 우리 교육이 어디로 가야 할지 공격적으로 제시한다. 교육 불평등을 줄이면서 '지식'과 '역량'을 강화하기 위해 강의형 지식 교육(학생들의 피드백 혹은 여러 활동을 포함한)이 좋은 대안이 될 수 있다는 것이다.

책은 마지막에 교육의 소명, 교사의 소명을 거론하며 다시 아이들에게 제대로 된 교육을 할 것을 권유하고 있다.

이 책을 읽으며 자연스럽게 교회의 주일학교 교육을 생각했다.
「다시, 공부 다시, 학교」라는 책의 제목처럼 '다시, 복음 다시, 교회'가 주일학교에서 진지하게 생각, 논의, 실행되어야 하지 않을까 싶다.

"별로 안 좋아하는 과목이나 관심없는 것들은 거의 자요."
"다 학원에 가서 수업 듣고 하지, 학교에서는 수업 안 듣고 놀아요."

"그냥 멍 때리고 있어요."

책에 나오는 몇몇 고등학생들의 학교 수업에 관한 인터뷰 내용인데, 주일학교 학생들에게 물어도 비슷한 대답이 나올 것이다.

"예배가 너무 잠이 와요."

"그냥 멍 때리고 있어요."

"엄마가 안가면 혼내니까 앉아 있는 거에요."

이런 생각들의 끝에는 항상 우리 아이들이 있다. 나는 애쓴다고 생각하며 열심히 달려왔는데 어느날 우리 아이들의 신앙을 점검해보면 아닌 것 같고, 주일학교를 빠지지 않고 다니며 아이들에게 복음이 심겨져 있다고 생각하는데 대화를 나눠보면 고개가 갸우뚱 거려지는 경우가 있어 항상 고민 속에 있다.

그래도 이 책은 위에 언급한 대안을 소개하며 공교육의 희망을 놓치지 않는다. 교사가 변하면 아이들이 변하고, 결국 다시 학교가 제 역할을 하게 될 것이라는 전망이다. 책 내용을 모두 동의하는 것은 아니지만, 주일학교 교사의 변화가 아이들의 변화를 이끈다는 것과 부모가 변하면 자녀는 달라진다는 의견에는 전적으로 동의한다.

결국에는 '다시, 복음 다시, 교회'이며 더 나아가 '다시, 부모

다시, 가족'이다. 여름의 출발점이다. 여름성경학교 등 교회에서 마련한 여름 신앙 프로그램과 더불어 우리 가정에서도 아이들과 함께 즐겁고도 뜨거운 신앙을 키워나갈 수 있는 일들을 계획해야겠다. 다시 복음 앞에 마음을 굳게 잡으며…

엄마생각

나는 비록 약하고, 부족하고, 흔들리고,
주님이 말씀하시는 것을 제대로 다 이해하지 못하지만
그래도 주님 내가 주님께 하는 고백은,
주님을 사랑하며 교회로 살겠다는 이 고백은,
진심이고 진실합니다.
주님, 제가 이 고백 위에 살아가겠습니다.

"영생의 말씀이 주께 있사오니,
제가 누구에게 가겠습니까?
주님밖에 없습니다"

교회로 살겠습니다.
주님 손 붙들고 우리는 교회로 살겠습니다.

㉟

개척과 아이들

저희 가정은 2024년 8월 25일에 섬기던 교회를 사임하고 경남 양산 사송에서 '우리는교회'를 개척했습니다. 10월 6일 첫 예배를 시작으로 '부름 세움 보냄'의 교회 공동체를 세워가고 있습니다.

남편이 40살이 되던 해 신대원에 들어갔다. 그 때 우리 아이들은 11살, 8살, 6살, 3살이었다. 월요일 오전에 천안에 가서 금요일에 돌아와 토요일과 주일을 교회에서 보내고 다시 월요일에 천안을 가는 것이 남편의 일주일 루틴이었다. 그렇게 3년을 보냈다. 지금 생각하면 알고는 못할 일이고, 생각하기도 버겁고, 아이들과 생존하기 위해 그저 버티고 버틴 끝없는 터널

같은 시기였다. 그 때는 아침에 눈을 뜨면 엎드려 기도하고, 밤에는 잠든 아이들을 바라보며 눈물로 하나님께 울부짖었다. 그럴 수밖에 없었다. 하나님이 도와 주시지 않으면, 하나님이 살아갈 힘을 주시지 않으면 하루도 살 수 없는 광야 한 가운데에 서있는 삶이었다.

남편이 신대원 2학년 1학기를 끝낸 어느날을 잊을 수가 없다.

늘 힘들던 우리는 이 길이 하나님이 부르신 길이 맞는지 진지하게 나누었다. 변하지 않는 상황들, 어제보다 더 힘든 오늘이 과연 하나님이 원하시는 건지, 우리의 욕심은 아닌지, 하나님은 부르시지도 않았는데 우리가 괜히 착각해서 이 길로 가는 건 아닌지 둘이 앉아서 몇 시간을 생각했다.

그런데, 그런 막막함 속에 있으면 하나님이 명쾌하게 '맞다' '아니다' 답이라도 주면 좋을텐데 그날도 우린 하나님의 뜻이 무엇인지 알 수 없었다.

그저 남편이 눈물을 흘리며 "희정아, 나도 잘 모르겠다. 하나님이 보내셨으니 책임지시겠지. 그냥 우리 이거 믿고 가보자." 며 말했을 때, 두려움 앞에서 하늘을 보며 사는 법을 배워야겠구나 라는 마음만 먹을 뿐이었다.

인생에 남편과 나, 우리 둘 뿐이면 우리에게 무슨 어려움이 있고 고민이 있겠는가! 우리 둘이면 밥만 먹어도 살아갈 수 있을텐데 걸리는 건 늘 아이들이었다. 풍족한 시대에 결핍으로 살아가는 아이들에게 미안할 뿐이었다.

남편이 개척을 하자고 했을 때, 아이들 얼굴이 머리에 떠올랐다. 사춘기와 공부 때문에 힘들어하는 고1 첫째, 이제 막 사춘기가 시작돼 한참 예민한 중1 둘째, 매일 교회에서 친구들과 어울리며 친구 없이는 못사는 5학년 셋째 그리고 2학년 막내까지. 나는 그렇다치고 이 아이들이 아빠의 개척을 어떻게 받아들일지 걱정스러웠다.

"아이들에게는 당신이 직접 얘기하고 설득해주세요."

한 시간 가량 지난 후 남편이 내게 OK 싸인을 보내며 첫째와 대화가 잘 끝난 것처럼 눈짓을 했다. 나도 다행이다 싶어 첫째에게 아빠와 이야기를 잘 했냐고 물으니, "엄마, 개척이 말이 돼? 요즘 개척하면 다 망해" 라고 말하는 것이 아닌가! 아빠에게는 솔직한 마음의 말을 못하고 나에게 모든 감정을 쏟아 붓는 것 같았다.

"엄마, 나같은 중고등학생들이 개척교회를 왜 가? 큰 교회 가지. 아무도 안가."

그러면서 "도대체 아빠는 수많은 직업 중에 왜 목회자가 된 거야?" 그러더니 급기야 "아~~~~ 도대체 아빠를 누가 전도한 거야? 누가 아빠를 하나님 믿게 했어?"

속으로 얼마나 뜨끔했는지 모른다. '아빠를 전도한 사람은 엄만데…' 차마 첫째에게 그 말은 못하고 "그러게…"만 반복하고 끝을 흐렸다.

그 뒤, 둘째, 셋째, 넷째를 설득하는 것도 쉽지 않았다. 셋째는 마지막까지 이 교회에 남겠다며 거부하기도 했지만, 자전거를 사준다는 꼬임에 넘어가 개척에 동참했다.

아이들에게 알리며 새로운 공동체에 대한 것을 나누기 시작하니 우리가 개척을 한다는 것이 조금씩 실감 났다. 아이들로 인해 새로운 교회에 대한 마음이 생기고, 하나님이 이미 우리가 가는 지역에 우리 아이들과 같은 아이들을 준비시키고 있다는 기대감이 샘솟았다.

아이들로 인해 또 다른 마음의 길이 열렸다.

엄마생각

내가 네 곁으로 지나갈 때에

네가 피투성이가 되어 발짓하는 것을 보고 네게 이르기를

너는 피투성이라도 살아 있으라

다시 이르기를 너는 피투성이라도 살아 있으라

_에스겔 16:6

하나님은 살아 계신다

지금도.

사랑이 뭔가요?

"저는 엄마랑 데면데면하는 사이예요. 장녀이고 성격도 외향적이지 않아서 그런 것 같아요. 아빠와도 그닥 친밀하지는 않아요. 물론 필요한 대화는 하지요."

누가 나에게 엄마, 아빠와의 사이가 어떠냐고 물으면 거의 공식처럼 하는 말이다. 실제 저 말이 가장 솔직한 답이기도 하다.

어렸을 때, 부모님과 특히 엄마와 잘 지내는 친구들이 많았다. 어떤 이야기를 하다가도 "다음에, 우리 엄마랑 같이 가봐야지." 혹은 "이거, 우리 엄마 좋아하겠다. 포장해서 집에 가야지." 등 사소한 일상을 엄마와 공유하는 친구들이 난 그저 신기했다. 한국에서 모녀 사이는 세계 어느 나라에도 존재하지 않는 아주 끈끈하면서도 특별하다고 하는데, 이상하게 난 그렇지 않았다. 어렸을 때부터 집에서 조잘조잘대는 다른 여자 아이들과는 달리 거의 말이 없었고, 부모님의 도움이 필요할 때면 꾹꾹 참고 있다가 일이 터지기 직전 혹은 터진 후에 알리는 경우가 다반사였다.

아직도 기억에 남는 일화가 있다. 초등학교 6학년, 비가 억수같이 쏟아지던 날이었다. 그날 우산을 챙겨가지 않아 걱정했는데, 마침 교문 앞에 엄마가 우산을 들고 서 있었다. 다행이다 싶었고, 함께 우산을 쓰고 무사히 집으로 돌아왔다. 그런데, 그 다음날 친한 친구가 내게 오더니 묻는다.

"희정아, 어제 너에게 우산 씌어주신 분, 누구야?"
"어, 우리 엄마."
"엄마라구? 근데, 넌 엄마가 어제 비가 오는 그 상황에서 우산을 들고 왔는데, 하나도 기뻐하지 않던데… 무슨 엄마랑 사이가 그래. 싸웠어?"
"아니."

"난 너네 엄마가 오지 않고 옆집 아주머니가 와서 너가 기분이 안 좋은 줄 알았어."

지금 생각해보면, 아주 어린 13살 아이들의 대화지만, 저 속에 내가 엄마를 어떻게 생각하는지 훤히 드러났다. 저 친구의 말이 맞았다. 나는 어렸을 때부터 엄마와 엄청 가까운 사이는 아니었다. 나이를 먹고, 신앙이 들어가며, 나와 가족 간의 관계에 대해 고민할 때, '나는 왜 다른 사람들과 달리 엄마랑 친하지 않을까?'를 숙제로 삼았던 적도 있었다. 흔히 말하는 어렸을 때 상처, 가정 환경 등 많은 요인들을 알아보고 생각했지만 딱히 '이거다'라고 할 답을 찾진 못했다.

이제 나의 엄마처럼, 나도 딸이 생겼다. 어렸을 때는 몰랐는데 딸이 크고 사춘기 문턱에 들어서니 '엄마인 내'가 일반적이지 않다는 것을 알았다. 재잘재잘 거리며 엄마와 이야기하는 것을 좋아하는 딸은 감정 표현이 서툴고, 이런저런 말도 잘 하지 않는 엄마가 답답하고 속상하고 심지어 자기를 사랑해주지 않는다고 느낀단다.

나는 그저 잔소리를 하지 않을 뿐이고, 굳이 안아주지 않아도 당연히 사랑한다는 것을 알 것이고, 나에게 다 이야기 하지 않아도 무엇을 생각하는지 알아서 요구하지 않았는데 우리 딸은 그런 엄마에게 소원함을 느낀 것이다.

"엄마, 나는 엄마가 나를 계속 안아줬으면 좋겠고, 나에게 다 이야기 해줬으면 좋겠고, 사랑한다고도 말해줬으면 좋겠어. 내가 엄마 딸이잖아."

어느날, 나랑 잠시 말다툼을 한 뒤, 울면서 말하는 딸아이의 저 말이 나를 한없이 작게 만들었다. 엄마로서 가장 기본적인 사랑을 표현하는 것조차 서툰 내게 딸이 가장 기본적인 것을 가르쳐 주었기 때문이다.
지금까지 나의 감정, 나의 기분대로 하고 싶은 것만 하고 살아온 내게, 그게 나를 사랑하고 다른 사람을 사랑하는 것이라 착각하는 내게, 14살 딸이 사랑이 무엇인지 글자가 아닌 마음으로 알려주는 것 같았다.

많은 것이 부족하고 모자라지만, 그래도 자식보다 부모의 '사랑'은 크고 넓고 깊다고 생각했는데 그것도 아닌가보다. 인생 중년을 지나고 있지만 아직까지 사랑에 대해서는 아무것도 모르는 자기중심성이 가득한 사람이라는 것을 또 다시 깨닫는다. 그러면서 동시에 평생 이기적인 딸 때문에 힘들었을 우리 엄마가 생각났다. 엄마는 딸처럼 내게 사랑을 요구하거나 가르치지 않고 그저 기다리면서 자신의 사랑을 인내했다. 엄마가 살았던 것처럼 말이다.

그러고보면, 이 책에 나오는 모든 이야기는 나의 자녀들에 대한 반성이자, 나의 부모님에 대한 경외와 감사다. 그리고 양육하는 시간마다, 공기의 흐름마다, 부족한 엄마인 나를 있는 그대로 받아 주면서 더불어 새 힘을 주는 하나님의 은혜의 고백이다.

사랑을 모르는 내가, 하나님과 부모와 자녀들로 인해 사랑을 받고 그 사랑을 조금씩 알아가고 있다. 그래서 어쩌면 육아는 평생 사랑을 위해 기꺼이 기쁨으로 감당해야 할 나의 선물이라 생각한다. 오늘도 선물 보따리를 하나씩 풀며 사랑으로 얼룩진 내 삶을 조금씩 채워본다.

좌충우돌 크리스천 자녀 양육기
함께 자라는 우리

초판 1쇄 발행　2024년 12월 27일

지은이　김희정
펴낸이　김희정
펴낸곳　도서출판 엠마우스

출판등록　제328-2018-0000005호
이메일　dsubsj@hanmail.net
주소　부산 영도구 청학동 85

ISBN　979-11-979895-5-1

잘못된 책은 바꿔 드립니다.
책값은 뒤표지에 있습니다.